IESA
DERECHO A RÉPLICA
BOYS

ROBIN ROJAS DUNO

IESA
BOYS
DERECHO A RÉPLICA

ROBIN ROJAS DUNO

DEDICATORIA

A todo aquel que donde se encuentre,
se esfuerze por destacar por
sus estudios y trabajo.

AGRADECIMIENTOS

A ti que me inspiraste a
ser mejor persona.

CONTENIDO

INTRODUCCIÓN

Hemos escuchado muchas veces que los países no quiebran. Las naciones no son empresas que al acabarse la producción o perder la capacidad para la prestación de los servicios que ofertan pierden el sentido de su existencia y desaparecen. En las empresas, puede quedar el recuerdo de sus marcas en la memoria colectiva, pero es una realidad su paso al plano de la inexistencia.

No sucede lo mismo con los países. La economía de un país puede estar en un nivel deplorable, pero eso no indica que el país va a "cerrar", ni que es una condición para ahogar y obligar a un gobierno de corte autoritario para que ceda su poder y le brinde la oportunidad a quienes con propuestas diferentes puedan llevar las riendas con mayor eficiencia y eficacia. Sin citar un caso en particular por ahora, al parecer un país puede sufrir los embates de un mal manejo económico por parte de sus gobernantes y continuar sus habitantes padeciendo una vida de extremas carencias hasta que ocurra un cambio que pueda aliviar sus penurias. Mientras, se continúa discutiendo desde afuera, de una u otra manera, las diferentes opciones que pudiesen convertirse en soluciones para dar la vuelta a ese territorio golpeado por la incapacidad de gobernar de gente enferma por el poder.

Desde luego que el deterioro de una nación no está solamente vinculada a los aspectos relacionados con sus aspectos económicos. El buen vivir de sus ciudadanos también está vinculado a su cultura, a sus costumbres, a su manera de ser y sus creencias. Una población que "disfrute" de su nacionalidad y se sienta orgullosa de su procedencia y lo manifieste es una expresión de salud idiosincrática que no se puede desdeñar y eso no tiene que estar necesariamente asociado a ser una potencia económica o a exhibir los mejores indicadores económicos.

En tiempos de migración, los ciudadanos que salen de sus países demuestran, de la manera más genuina, de que están hechos la mayoría de la población que representa. Son, en términos de investigación cuantitativa, una muestra representativa de la idiosincrasia de un país y embajadores activos de su cultura, expresando con su comportamiento y su forma de comunicarse su disposición cultural a incorporarse productivamente al país que los acoge.

En un país con un ambiente "quebrado" y con la sensación de que tiene que cerrar (para darle paso a otro) como Venezuela, el fenómeno migratorio que se ha visto a partir del 2014 hasta el presente (2021) se acrecienta a pasos agigantados, de manera desmesurada y sin ningún tipo de control, ignorándose a ciencia cierta el número de venezolanos que ha cruzado la frontera (hasta la fecha se habla de 5 millones) en busca de nuevos horizontes o mejor dicho escapando de la descomunal crisis que vive el otrora considerado rico país petrolero. Es necesario decirlo, una migración que a nivel social cambió el estatus de país mono-remitente de petróleo por el de exportador de pobreza; gente que se desplaza con recursos diezmados que llega mayoritariamente a los países vecinos de Venezuela como Colombia, Perú, Ecuador, Chile y hasta Argentina con una situación de precariedad tal que la imagen del venezolano como heredero de un país millonario en petrodólares se ha desvanecido y ha dado paso incluso a un tipo particular de xenofobia, a un rechazo por la invasión de "venecos" (una forma despectiva de llamar a los venezolanos) que llegan a perturbar la paz de tranquilas ciudades que nunca pensaron que los alguna vez sauditas del América del Sur pudiesen llegar de otra manera que no fuera de pródigos turistas.

Porque como se sabe, no fue así en años relativamente recientes, donde la aparición de un venezolano en tierras ajenas implicaba consumo, y algunas otras señales de bienestar económico que se traducían en un trato diferente por parte de los anfitriones de turno, eso lo sabe todo aquel que ha viajado. Es una referencia a los que salían del país con fines recreativos, pero en general el ciudadano venezolano se observaba diferente en tiempos de esa ilusión de riqueza que se vivió durante mucho tiempo y que otros realmente si aprovecharon productivamente.

Es el caso de los venezolanos que si pudieron "sembrar el petróleo" al menos en su propio patio. Y no me estoy refiriendo a aquellos que se burlaron de cualquier control de protección al erario público y que se apropiaron indebidamente de los recursos del Estado para el cual fueron nombrados de alguna u otra manera custodios; se trata de venezolanos que por diferentes motivaciones y razones se trasladaron a otros países en búsqueda también de oportunidades, eso sí, distintas a las que los venezolanos buscan ahora ya que se trataba de oportunidades de estudio en las mejores y más prestigiosas universidades del mundo en la mayoría de los casos. Y afirmo que se aprovecharon porque, salvo excepciones, esos venezolanos que tuvieron la fortuna y el privilegio de estudiar en universidades en el exterior fueron beneficiarios del Estado venezolano a través del Programa Gran Mariscal de Ayacucho que permitió invertir en ciudadanos que posteriormente se transformarían en profesionales de primera con la intención de que regresaran al país que los vio nacer y retornaran la inversión con su valioso aporte a la sociedad venezolana.

Entre los que regresaron se encuentran los llamados IESA Boys, ese conjunto de venezolanos llamados despectivamente por los políticos de entonces "tecnócratas". Acusados por una clase política de crear un caos en el país que hasta ese momento era de sus dominios a través de lo que algunos medios denominaron el "paquetazo" y al que se le atribuye la explosión social ocurrida en 1989 denominada el "caracazo".

Venezolanos que han sido criticados de manera apabullante por una clase política que no pensó en el futuro del país, que tenía la posibilidad de haber sido manejado por los mejores y más calificados profesionales de la administración de recursos, que venían demostrando desde sus tiempos de estudiantes el significado de la palabra excelencia.

En vez de procurar que ese ciudadano venezolano pudiese tener la misma posibilidad de crecer profesionalmente y ganarse de una manera sobresaliente la vida, distinguiendo con su presencia y enalteciendo el gentilicio venezolano en nombre de una extraña concepción de igualdad poco a poco se le ha cercenado el derecho a construirse un nivel de conocimiento por medio del esfuerzo que significa destacarse en los estudios y en la carrera profesional.

Este libro trata un poco sobre eso, sobre la oportunidad de conocer a un grupo de venezolanos que con sus virtudes y sus defectos hicieron un estimable esfuerzo por cambiar las reglas del juego de un país que iba por el camino equivocado y que trabajaron con el estamento político de entonces en contra, que tuvieron que enfrentarse a enemigos prestados y se encontraron finalmente en una guerra que no les pertenecía pero donde se buscó herir de muerte a las posibilidades de la modernización del país en muchos aspectos.

No está este libro escrito con la intención de defender a quienes no necesitan que lo defiendan sino más bien resaltar, en estos tiempos que los jóvenes venezolanos se encuentran decepcionados y manifiestan abiertamente lo inútil que para ellos le resulta el estudiar, que vale la pena encontrarse y preparase para la adquisición del verdadero conocimiento. La "Sociedad Liquida" donde se espera que todo llegue sin esfuerzo se ha apoderado de una juventud que necesita de referentes que le demuestren con lo hechos que estudiar bien vale el esfuerzo. Porque aunque el conjunto de venezolanos del que se habla en este texto de alguna forma fueron desairados en su propio país es oportuno destacar que en otras tierras, y como emigrantes de la excelencia, le han reconocido su indiscutible calidad tanto en el campo académico como en el plano profesional como merecida recompensa.

LA LLAMADA DÉCADA PERDIDA: EL CONTEXTO LATINOAMERICANO

Nadie puede negar que América Latina es un espacio donde convergen de manera prodigiosa gente talentosa, una interesante multiculturalidad y extraordinarios recursos naturales como en ningún otro lugar del planeta. ¿No se cree? Recordemos entonces el desierto de Atacama en Chile, los paisajes campestres de Nariño en Colombia, las playas Lopes Mendes en Brasil, el glaciar Perito Moreno en Argentina, el lago Titicaca en Bolivia, Machu Pichu en Perú o la Gran Sabana en Venezuela. Y como obviar el talento de Gallegos, Vargas Llosa, Neruda, Arguedas, García Márquez, Ruy Barbosa y el inolvidable Borges.

Sin embargo, la "raza cósmica" como la denominó Vasconcelos, ha sido vapuleada en diferentes momentos históricos por crisis fundamentalmente económicas que han impactado de manera significativa en lo social, que han marcado la vida de sus habitantes y que imponen desafíos permanentes a la necesidad de trascender hacia tiempos de prosperidad.

Uno de esos momentos históricos ocurrió durante casi toda la década de los 80´s, por lo cual ese periodo de tiempo ha sido conocido por muchos analistas tanto económicos como políticos como la "década perdida", denominación que se le atribuye al secretario ejecutivo de la CEPAL (Comité Económico para América Latina), Dr. Norberto González, que ilustraba con ese nombre una de las crisis continentales más prolongadas originada principalmente por factores macroeconómicos como el endeudamiento externo.

La crisis, que en algunos países se extendió hasta bien entrado los 90´s, procedía de desequilibrios económicos como la ya mencionada deuda externa, déficits fiscales enormes y de políticas monetarias que provocaron inflación incontrolable que en algunas naciones desencadenó en el terrible fenómeno de la hiperinflación. Argentina, Perú, Bolivia, Brasil, Colombia y Chile, tuvieron desafíos comunes que afrontaron de manera singular, pero con un elemento en común: la necesidad de transformación de su economía para evitar estallidos sociales que desestabilizarían sus sistemas de gobernanza.

En el caso de Argentina, la década de los 80 fue un periodo crucial y dramático en la historia socioeconómica del país austral. Eran tiempos de confrontación bélica, en una guerra construida (según algunos analistas) para buscar apoyo a una dictadura que necesitaba crear un sentimiento de unidad que girara a su alrededor para salvaguardar su permanencia en el poder. En 1982, entre el cambio político que se avecinaba, un ya para esa época experimentado músico Charly García debuta como solista, expresando con su modo singular de interpretar música el sentimiento de la mayoría de los argentinos al suplicar "yo no quiero sentirme tan loco".

No obstante, la locura de García parecía encontrarse también en áreas tan distantes del músico como la económica. Durante esos años, el país gaucho experimentó una serie de desdenes económicos y transformaciones que dejaron una huella duradera y bien marcada en su economía y la cotidianidad de sus ciudadanos. Para comprender plenamente lo que sucedía la economía argentina en los años 80, es fundamental considerar el contexto histórico ya que el país austral ingresó en la década con una sangrienta dictadura conocida como "el proceso", una economía marcada por la inflación desenfrenada, altos niveles de deuda externa y políticas económicas poco convencionales.

Uno de los aspectos más trastornados de la economía argentina de ese momento fue la hiperinflación. Durante este periodo, la inflación alcanzó tasas astronómicas, erosionando el poder adquisitivo de la población y socavando la estabilidad económica. Aunque en 1985, el gobierno de Raúl Alfonsín (primer presidente electo democráticamente luego de la dictadura) implementó el "Plan Austral" en un esfuerzo por controlar la desatada hiperinflación. Pese a que inicialmente tuvo éxito, el plan no pudo mantenerse a largo plazo.

La tierra del tango y del bifé también enfrentó una crisis de deuda externa en los años 80. Se acumuló una deuda considerable con acreedores internacionales, lo que llevó a complejas negociaciones con el Fondo Monetario Internacional (FMI) para reestructurar la deuda y obtener financiamiento para su economía. Estas negociaciones tuvieron un impacto duradero en las políticas económicas argentinas.

Esta década fue un periodo de cambios significativos y desafíos económicos para Argentina. La hiperinflación, que comenzó en mayo de 1989 con 3.079,8% de inflación anual terminó en marzo de 1990. Ya desde comienzo de los años cuarenta, pero especialmente durante la década de los setenta y ochenta, la crisis de la deuda externa y las políticas de liberación económica dejaron una marca profunda en la economía de los argentinos. Estos eventos sentaron las bases para futuras transformaciones en el orden económico y desafíos que el país enfrentaría en las décadas siguientes.

Por otros lares, Perú también entró en la década con una economía que ya enfrentaba retos como la inflación, la deuda externa y problemas estructurales que no avizoraban pronta solución. Venía de 12 años de dictadura y empezaba la década con un flamante Fernando Belaúnde Terry como presidente electo. Una banda, "Frágil", dominaba la escena musical local junto a la pegajosa canción "Santa Lucía" del español Miguel Ríos y la no esperada "invasión" de las bandas argentinas que ocurría de manera subterránea en todo el continente. A la par, un Sendero Luminoso aterrorizaba con sus escaramuzas y atentados a civiles y militares dirigidos por un implacable profesor universitario de filosofía maoísta llamado Abimael Guzmán.

Uno de los aspectos más destacados en la economía en la tierra del cebiche en los años 80 fue el tema de la hiperinflación; ésta alcanzó niveles alarmantes como en 1988 que alcanzó 1.722 %, erosionando de manera acelerada el poder adquisitivo de la población peruana y generando incertidumbre económica. También el Perú enfrentó una crisis de deuda externa, que trató de solventarse con recurrentes negociaciones con acreedores internacionales y la restructuración de la deuda.

En ese contexto, el gobierno del presidente aprista Alan García, caracterizado por el populismo y que asumió el cargo en 1985, implementó medidas estrafalarias para abordar la crisis, incluyendo la nacionalización de la banca y el inefable control de precios. Al implementarlas, la locura inflacionaria se incrementó y tuvieron (como la lógica espera) un efecto contrario al esperado, incluyendo una salida para ese momento insospechada.

Considerando esos escenarios, la década de los 80 fue un período de importantes cambios y desafíos económicos para Perú, cuya población se encontraba hastiada de la clase política tradicional. La hiperinflación, un legado nada apreciable de García para Fujimori que se calculó en 7.694,6% impactó de manera estrepitosa a la población aunado a la crisis de la deuda externa sentaron las bases para la transformación económica que el país experimentaría en las décadas siguientes.

En lo que respecta a Bolivia, recibieron a los 80 con un golpe militar liderado por Luis García Meza Tejada y terminaron la década con un presidente que en los comicios generales llegó de tercer lugar, Jaime Paz Zamora, pero por acuerdos políticos escaló hasta la primera magistratura. Con un comienzo y un final con esas características, producto de los vaivenes de la política boliviana de entonces, el país andino enfrentó una serie de dificultades que dejaron una marca profunda en su economía y por consiguiente en la vida de los bolivianos. Era la época de la aparición del rock en el país del altiplano, con agrupaciones de ese género musical como Alto Voltaje, Metamorfosis o Trueno azul en la capital, o Trilogía en la ciudad de Santa Cruz, con una movida musical rockera que sería el marco musical de un decenio lleno de dificultades tanto en el plano político como económico.

Bolivia, ingresó a la década con una economía caracterizada por la inflación, la deuda externa y la dependencia de la exportación de materias primas, como el gas y el estaño. Como un hecho coincidente con sus vecinos latinoamericanos, presentaba como una de sus principales preocupaciones económicas una creciente deuda externa. La deuda se había acumulado significativamente en los años anteriores, lo que llevó a turbulentas negociaciones con acreedores internacionales y a programas de ajuste estructural impulsados por el Fondo Monetario Internacional (FMI)

La economía boliviana también se vio afectada por una recesión durante esta década, causada en parte por la caída de los precios internacionales de las materias primas que el país exportaba. En añadidura, el gobierno de Hernán Siles Zuazo nacionalizó la banca en un intento infructuoso por controlar la crisis financiera y la inflación, medidas que enfrentaron no pocas controversias y aumentaron la crisis.

Por su parte, el gobierno de Víctor Paz Estenssoro en la segunda mitad de la década implementó una serie de reformas económicas significativas con una hiperinflación amenazando con aumenta la astronómica cifra de 11.749,6 %. Para paliar la situación, se llevaron a cabo programas de privatización, liberalización económica y apertura al comercio internacional. Estas políticas sentaron las bases para un cambio en la estructura económica de Bolivia

También para Ecuador la década de los 80 fue un período crítico en la historia económica. Sonaba en la radio para esos tiempos bandas nacionales como Clip y Contravía alternando con las agrupaciones argentinas que marcaban la pauta para aquel momento. Durante estos años, el país sudamericano enfrentó una serie de desafíos económicos y experimentó cambios notables que dejaron una profunda huella en su economía, y, por ende, en el futuro de sus ciudadanos.

Vale decir que, para entender con mayor claridad a la economía ecuatoriana en los años 80, es fundamental tomar en consideración el contexto histórico, con un Ecuador saliendo de las dictaduras que predominaban en ese momento en prácticamente todo el continente y un recién electo gobierno democrático presidido por Jaime Roldós Aguilera, que solo duró dos años debido a un sospechoso accidente de aviación donde murió junto a la primera dama y su comitiva presidencial. En la salida de la década se encontraba como presidente Rodrigo Borja quien cerraba el decenio con marcados enfrentamientos con indígenas de la región.

Ecuador ingresó a la década con una economía caracterizada por la dependencia del petróleo y problemas económicos estructurales. Uno de los problemas más apremiantes, como en casi todos los países de esa parte del continente, fue la crisis de la deuda externa. Ecuador acumuló una deuda significativa con acreedores internacionales, lo que llevó a negociar con el Fondo Monetario Internacional (FMI) y a programas de ajuste económico criticados por muchos sectores de la sociedad ecuatoriana. Para esa época, el país dependía en gran medida de los ingresos petroleros en esta década, lo que lo hizo vulnerable a la volatilidad de los precios internacionales del petróleo. En ese sentido, las fluctuaciones en los precios del petróleo tuvieron un impacto directo en la economía ecuatoriana y en su capacidad para cumplir con sus obligaciones financieras.

Como en otros lares, el gobierno ecuatoriano implementó políticas de ajuste estructural bajo la dirección del FMI, que incluyeron recortes de gastos públicos, desregulación económica y la eliminación de subsidios. Estas reformas generaron tensiones sociales, pero también se consideraron necesarias para estabilizar la economía.

También, la década de los 80 fue un período de cambios profundos y desafíos económicos para México; durante esta época, el país latinoamericano enfrentó una serie de eventos económicos que aún hoy se recuerdan como traumáticos. Como problema común entre los países latinoamericanos, México enfrentó en los años 80 la crisis de la omnipresente deuda externa.

En ese escenario, el país azteca se incorporó al decenio con problemas económicos, pero con irrebatibles éxitos en la movida musical, muy dinámica para la época. Artistas como Emmanuel (no sabemos si ante la crisis) cantaba "Quiero dormir cansado, para no pensar en ti...", y quizás haciendo alusión a la economía de su país hacia delirar a sus fanáticos entonando "Todo se derrumbó...". Juan Gabriel, Daniela Romo, Lupita D'Alessio, José José y Pandora para los amantes de las baladas, los Broncos, Los Bukis, Los Tigres del Norte y Lucerito, Timbiriche, Flans y la irrupción de Luis Miguel para el público más joven. Una década brillante para todos los gustos en la escena de la música popular en México, pero no así en el plano económico: el país había acumulado una deuda significativa con acreedores internacionales, lo que lo llevó a una serie de reestructuraciones de deuda y a programas de ajuste estructural. La década de los 80 también fue testigo de la nacionalización de la banca mexicana en 1982 como respuesta a la crisis financiera. Además, el país enfrentó una alta inflación que afectó negativamente el poder adquisitivo de los ciudadanos y la estabilidad económica.

A mediados de la década, el gobierno de Miguel de la Madrid comenzó a implementar reformas orientadas hacia una mayor apertura económica. Esto incluyó la reducción de aranceles y la liberalización comercial. Estas políticas sentaron las bases para la firma del Tratado de Libre Comercio de América del Norte (TLCAN) en 1994, que transformó significativamente la economía mexicana.

La década de los 80 fue un período de desafíos económicos y reformas clave para México. La crisis de la deuda externa, la nacionalización de la banca, la inflación y la apertura económica fueron eventos que dejaron una huella indeleble en la economía del país. Estos cambios sentaron las bases para el desarrollo económico y las transformaciones que México experimentaría en las décadas posteriores.

Para la tierra de la samba, la década de los 80 fue un período de agitación económica y transición política. Durante esta época Brasil, el país más grande de América Latina, experimentó una serie de eventos económicos y políticos que dejaron una profunda marca en su economía y en el destino de los brasileños. Para entender plenamente la economía brasileña en los años 80, es esencial tener en cuenta el contexto histórico incluyendo el político y el cultural.

Se escuchaba en esos momentos a grandes de la música como Gaetano Veloso, Maria Bethania, Gilberto Gil, Gal Costa, Milton Nascimiento y Chico Buarque, con aires de apertura política tras años de dictaduras militares.

Brasil ingresó a la década bajo la presidencia de Joao Baptista Figuereido, un ex-jefe del servicio secreto del gobierno anterior que dirigió los destinos del país hasta 1985 con ganas de trascender como un demócrata, con una economía que enfrentaba una alta inflación y una deuda externa significativa que lo convertía en uno de los mayores deudores del mundo. Como se ha enfatizado, Brasil también enfrentó una crisis de deuda externa durante la década; el país acumuló una deuda significativa con acreedores internacionales, lo que llevó a complejas negociaciones para reestructurar la deuda y obtener financiamiento para sanear la economía.

Sin embargo, uno de los aspectos más destacados de la economía brasileña en los años 80 fue la hiperinflación que llegó a anualizarse en 2.751% entre febrero de 1989 y marzo de 1990, que afectó negativamente el poder adquisitivo de la población y la estabilidad económica. Y es que, en 1986, el gobierno de José Sarney, el primer presidente civil en más de dos décadas tuvo la tarea de liderar el país hacia la estabilidad democrática y económica e implementó el "Plan Cruzado" en un esfuerzo por controlarla, aunque esta medida resultó insostenible a largo plazo.

Como en otros países de la región, la década de los 80 fue un período de transición política en Brasil, que en su caso culminó con el fin de la dictadura militar en 1985. La promulgación de la Constitución de 1988 fue un hito importante en la transición democrática, que estableció una serie de reformas sociales y económicas, incluyendo la descentralización del poder y la creación de políticas de bienestar social. Fue un período de desafíos económicos y transición política que tuvo como sus elementos más resaltantes a la hiperinflación, la crisis de la deuda externa y la transición hacia la democracia.

Con relación a Colombia, su ingresó a la década ocurrió con una economía caracterizada por la dependencia de la exportación de café y petróleo, así como por problemas económicos estructurales.

Era, para ese momento, un país que leía a Ramón Illán Bacca a través de Marihuana para Goerin (1981) y escuchaba a una banda que sería la semilla de Aterciopelados llamada Delia y los Aminoácidos. Disfrutaba igual de Ekhymosis, una agrupación muy popular que tenía a un jovencísimo Juanes como vocalista principal. Pero no solo fue el rock o la música pop la que destacó en aquellos años, la música salsa tuvo en ese país al Grupo Niche como su mayor exponente que exportó su música a los países vecinos e impactó a la colonia colombiana de Estados Unidos invitando a bailar a todo aquel que la escuchara.

En lo político, la década encuentra en el poder al liberal Julio Cesar Turbay Ayala, que gobernaba al país desde 1978; para algunos analistas, un presidente débil y miope frente al flagelo que azotó Colombia durante años y todavía perturba su paz: el narcotráfico. Otros, lo defienden recordando que fue el presidente que empezó a tener convenio con los Estados Unidos para su combate, creándose en 1980 la policía antinarcóticos.

Uno de los principales desafíos económicos de Colombia para esos años fue, nuevamente, la crisis de la deuda externa. El país había acumulado una deuda significativa con acreedores internacionales, lo que lo llevó a realizar controvertidas negociaciones y los consabidos programas de ajuste económico. La economía colombiana también se vio afectada por la inflación y la recesión económica en esta década, y una alta inflación afectó el poder adquisitivo de la población, que sufrió con la recesión que tuvo un impacto negativo en la actividad económica y el empleo.

A mediados de la década, el gobierno colombiano comenzó a implementar reformas orientadas hacia una mayor apertura económica. Esto incluyó la reducción de aranceles, la liberalización comercial y la promoción de la inversión extranjera. Estas políticas sentaron las bases para un crecimiento económico más sólido y sostenible. En la segunda mitad de la década de los 80, Colombia implementó un Plan Nacional de Desarrollo que buscaba fomentar la inversión en infraestructura y promover el desarrollo en diferentes regiones del país. También se avanzó en la descentralización del poder económico y político.

Por supuesto que también para Colombia, esa década fue un período de desafíos y reformas importantes para su economía. La crisis de la deuda externa, la inflación, la recesión y las políticas de apertura económica sentaron las bases para futuros cambios económicos y desafíos que el país enfrentaría posteriormente.

El caso de Chile presenta algunas singularidades, la década llegó con una serie de desafíos en época de dictadura y notables transformaciones económicas. Con antecedentes de golpes y porrazos para imponer medidas económicas de corte liberal, llegaba la nueva década con unos contestatarios Prisioneros que se imponían con La Voz de los 80 y la Cultura de la Basura, dos de sus más sonados éxitos. Los románticos chilenos escogieron como su lideresa a Mirian Hernández que al igual que otros artistas de distintos géneros se proyectaba a nivel internacional.

Para comprender la economía chilena en los años 80, es esencial tener en cuenta el contexto histórico. Chile ingresó a esta década con un sistema económico marcado por las reformas liberales introducidas en la década de los 70 bajo el gobierno de Augusto

Pinochet. No obstante, a principio de la década, enfrentó una crisis de deuda externa que afectó su economía. Los altos niveles de endeudamiento y la recesión económica global tuvieron un impacto significativo en la estabilidad económica del país.

No obstante, el gobierno de Pinochet continuó implementando reformas de mercado durante los años 80. Se llevaron a cabo privatizaciones de empresas estatales, se liberalizó la economía y se abrió al comercio internacional. Estas políticas fomentaron la inversión extranjera y el crecimiento económico, aunque también generaron desigualdades y críticas. Hay que destacar que, en la segunda mitad de la década de los ochenta, el país experimentó un auge en la industria salmonera gracias a la Ley de Pesca de 1989, que promovió la inversión extranjera en el sector acuícola. Esto contribuyó significativamente al crecimiento económico y a la diversificación de la economía chilena.

Empecemos a hablar de Venezuela. Las décadas de 1970 y 1980 marcaron un periodo crucial en la historia económica y social de Venezuela, caracterizado por la bonanza petrolera seguida de una crisis profunda que redefinió el rumbo del país. Durante los años setenta, la economía venezolana experimentó un auge sin precedentes gracias al incremento de los precios del petróleo, lo que generó un aumento considerable en los ingresos nacionales. Este contexto permitió al gobierno de Carlos Andrés Pérez implementar una serie de políticas de expansión económica y social, apostando por un modelo basado en la intervención estatal. La nacionalización de la industria petrolera en 1976 consolidó el control estatal sobre los recursos energéticos y generó una sensación de estabilidad y prosperidad entre la población. Con un Estado que se erigía como el principal promotor del desarrollo, se llevaron a cabo grandes proyectos de infraestructura y programas de industrialización que pretendían diversificar la economía y fortalecer el aparato productivo nacional.

El bienestar económico trajo consigo una urbanización acelerada y una migración considerable hacia las ciudades, donde una nueva clase media emergió con un mayor poder adquisitivo y acceso a bienes y servicios que antes eran privilegio de unos pocos. Sin embargo, esta prosperidad estaba basada en una dependencia casi absoluta del petróleo, lo que hacía vulnerable a la economía ante cualquier fluctuación en los precios del crudo. A medida que avanzaba la década, se hacía evidente que el modelo no era sostenible a largo plazo, ya que el gasto público creció de manera descontrolada y se recurrió a endeudamiento externo para mantener el ritmo de inversión.

El panorama cambió drásticamente a comienzos de los años ochenta, cuando la caída de los precios del petróleo desató una crisis económica que puso en evidencia las debilidades estructurales del modelo rentista. Durante la presidencia de Luis Herrera Campins, la deuda externa se volvió insostenible, lo que derivó en medidas de ajuste económico que generaron un impacto negativo en la población.

Uno de los momentos más críticos fue la devaluación del bolívar en 1983, un evento conocido como el "Viernes Negro", que marcó el inicio de un periodo de inestabilidad monetaria y redujo drásticamente el poder adquisitivo de los ciudadanos. La inflación se convirtió en un problema recurrente, mientras que el desempleo aumentaba y la desigualdad social se profundizaba.

El impacto social de esta crisis fue devastador. Muchas familias que habían logrado ascender socialmente durante la bonanza petrolera vieron cómo su calidad de vida se deterioraba de manera acelerada. La confianza en las instituciones comenzó a debilitarse y se generó un ambiente de malestar social que fue el caldo de cultivo para futuras transformaciones políticas. La percepción de un Estado ineficiente y una clase política incapaz de gestionar la crisis alimentaron el desencanto ciudadano, lo que tuvo repercusiones en las siguientes décadas.

En retrospectiva, las décadas de 1970 y 1980 reflejan un ciclo de auge y caída característico de economías altamente dependientes de recursos naturales. Venezuela pasó de ser un país con gran optimismo y promesas de desarrollo a enfrentar una situación crítica que dejó lecciones importantes sobre la necesidad de diversificar la economía y establecer políticas fiscales responsables. La dependencia del petróleo, la falta de estrategias para mitigar los efectos de la volatilidad del mercado y la gestión deficiente de los recursos fueron factores determinantes en la transición de un periodo de prosperidad a una crisis económica y social que marcó la historia del país...y de esto vamos a continuar hablando.

CUENTAME A VENEZUELA: LA CULTURA MAYAMERA

El Estado funcionaba como una inmensa máquina redistributiva, el petróleo no solo lubricaba la economía; también moldeaba el imaginario colectivo, los sueños, los deseos y las aspiraciones de millones de ciudadanos. La cultura venezolana de ese período, lejos de limitarse a lo artístico o lo simbólico, se configuró como un modo particular de estar en el mundo: exuberante, consumista, aspiracional, hedonista y convencida, casi por mandato histórico, de que la prosperidad era un derecho natural.

Ese imaginario —construido sobre la ilusión de una riqueza inagotable— tuvo múltiples manifestaciones. Una de ellas fue la relación casi mítica con Miami, convertida en un espejo donde los venezolanos buscaban una versión optimizada de sí mismos y de su país. Otra se expresó en la transformación turística de la isla de Margarita, cuyo Puerto Libre, instaurado en 1975, convirtió al Caribe venezolano en el destino predilecto de millones de compatriotas que veían en sus tiendas, hoteles y playas un espacio donde la bonanza se hacía palpable y accesible. La combinación de ambos fenómenos —el viaje aspiracional a la Florida y el culto doméstico al consumo margariteño— produjo una cultura profundamente influenciada por el deseo de modernidad importada. Era una época donde artistas como Lila Morillo y Mirla Castellanos eran las estrellas de la música en elpaís y programas de TV como el "Show de Renny" y la "Feria de la Alegría" dominaban el rating nacional.

En ese ambiente cultural, el Estado venezolano se convirtió en un proveedor omnipresente, y la sociedad comenzó a experimentar lo que algunos economistas y sociólogos denominaron "cultura rentista". No era solo una estructura económica sino una forma de vida: el acceso al bienestar dependía de la cercanía al aparato estatal, del uso de la renta y del consumo como demostración de estatus.

En ese contexto, el venezolano desarrolló una relación particular con el dinero: efímera, emocional, casi despreocupada. Se vivía bajo la convicción de que el petróleo no era un recurso geológico, sino una garantía vitalicia. Esa percepción influyó en la manera de vestir, de hablar, de viajar, de comprar, de relacionarse con el mundo. Venezuela parecía, por un breve instante histórico, un país adelantado al resto de la región, una suerte de nación futurista insertada en el trópico. Artistas del género musical mas popular del país visitaban con frecuencia a ese país con pretensiones sauditas como la cubana Celia Cruz y Las estrellas de Fania; incluso la denominación "salsa" fue creada por un locutor local que "patentó" el término y quedó para siempre. Era Caracas una ciudad de gastronomía efervescente y plataforma para todo artista que necesitara proyección internacional.

Y, como todo sueño de modernidad, necesitaba un símbolo. Ese símbolo fue Miami. Para muchos venezolanos de la época, Miami no era solo un destino turístico; era la representación física de un ideal. Allí se podía ver, tocar y comprar lo que en Venezuela se imaginaba como la innovación por excelencia: electrodomésticos de vanguardia, ropa de marca, carros que todavía no llegaban a Sudamérica, música, modas, colores, estilos de vida. El viaje a Miami se convirtió en un rito de iniciación al consumo globalizado. Era el tiempo de una frase popularizada por los venezolanos al entrar a las tiendas de los malls de Florida: "Tá Barato dame dos".

Entretanto, en el aeropuerto internacional de Maiquetía se veía salir a familias enteras rumbo a la Florida con maletas casi vacías, listas para volver repletas de mercancía. Las anécdotas más comunes de la época hablaban de venezolanos comprando televisores, neveras, licuadoras o juguetes que después funcionaban como símbolos visibles de estatus y progreso. Incluso quienes no viajaban comenzaban a adoptar el "estilo Miami": ropa chillona, lentes de la marca *Ray-Ban* de aviador, peinados inspirados en la estética ochentera de Estados Unidos, música pop extranjera y la profunda convicción de que el lujo era un derecho.

Se puede afirmar que Miami era la ciudad donde el venezolano confirmaba su pertenencia a un mundo cosmopolita. El Caribe quedaba atrás; la Florida ofrecía autopistas, tiendas interminables, rascacielos y la sensación de una vida mejor organizada. En aquel período, viajar a Miami era casi una demostración de ciudadanía global: un modo de decir, con pasaporte y tarjetas de crédito, que Venezuela no era un país del "tercer mundo" sino una nación adelantada gracias a su petróleo.

Ese vínculo emocional moldeó hábitos y discursos. La frase "voy para Mayami" se convirtió en un chiste cariñoso pero revelador: no solo hablaba del destino, sino de una aspiración. El imaginario popular creó una Miami simbólica, una ciudad fantástica que existía tanto en las calles de la Florida como en la mente de los venezolanos. Más allá del espacio geográfico, se convirtió en un territorio psicológico donde se proyectaba la idea de "la buena vida".

Mientras ese vínculo con Miami se fortalecía, dentro de Venezuela emergía una estética del exceso: ropa colorida, fiestas multitudinarias, autos lujosos, apartamentos amoblados con objetos importados. La clase media y alta adoptaron rápidamente las modas estadounidenses y europeas, mientras la clase popular encontraba sus propios códigos aspiracionales: zapatos deportivos importados como *Puma, Adidas, Converse*; ropa de marca como *Levis, Pierre Cardin, Gucci*; discos de artistas como Donna Summers, Leif Garrett, Shaun Cassidy; aparatos electrónicos como el *Sony Walkman*. Incluso en los sectores más humildes, tener "algo de afuera" era un logro, un signo de movilidad aspiracional.

Los programas de televisión, la publicidad, la música y el cine venezolanos reflejaron este espíritu. Eran los tiempos de series como "El Hombre Nuclear" (*Six Million Dollars Man*) y Hawaii 5.0. y de películas como "Fiebre del Sabado por la Noche" y *Roller Boogie*.

La cultura se pobló de cuerpos bronceados, playas, carros descapotables, edificios modernos y jingles pegajosos inspirados en el pop internacional. El cuerpo mismo se convirtió en un objeto de exhibición simbólica, reforzando la idea de que el consumo no solo era económico sino también estético.

La abundancia redefinió lo cotidiano. Las familias venezolanas tenían acceso a bienes que en otros países latinoamericanos eran considerados lujos: carne diaria, electrodomésticos de última generación, servicios públicos subsidiados, gasolina casi gratuita, educación pública expansiva y alimentación escolar. Todo esto contribuyó a cimentar la ilusión de que el desarrollo era irreversible.

Ese optimismo, sin embargo, era frágil. Y esa fragilidad se revelaría no en el exterior, sino dentro del propio país: en la isla de Margarita.

En 1975, durante el auge de la bonanza, el gobierno venezolano decretó la creación del Puerto Libre de Margarita, permitiendo la importación de mercancías sin aranceles. Esta decisión transformó por completo la isla. Si antes Margarita era un destino tradicional y de encanto natural, después se convirtió en un epicentro del consumo nacional. Los venezolanos que no podían costear un viaje a Miami — o que simplemente querían repetir la experiencia del consumo— tenían en Margarita un sustituto igualmente vibrante.

Las calles de Porlamar y Pampatar se llenaron de boutiques como la icónica "La Media Naranja" y "Rattan" en la Avenida 4 de Mayo; diversas tiendas de electrodomésticos, perfumerías, zapaterías, jugueterías, joyerías y comercios de toda índole. El boulevard Guevara era el espacio de los precios bajos, la variedad de productos. La facilidad de transporte convirtió a Margarita en el destino predilecto de miles de familias durante vacaciones, puentes y temporadas festivas.

Hoteles, posadas, restaurantes y centros comerciales transformaron la isla en un híbrido perfecto entre el Caribe tradicional y la estética del consumo moderno. Margarita dejó de ser solo playa; se convirtió en una experiencia. Sus tiendas, abarrotadas de mercancía importada, eran una extensión tropical de la modernidad deseada. Para quienes habían conocido Miami, Margarita funcionaba como un eco emocional. Para quienes no habían ido, era el sueño posible.

El Puerto Libre no solo impulsó el turismo, sino que redefinió la identidad venezolana. La isla se convirtió en la vitrina nacional del deseo y en una expresión clara de la cultura rentista: consumo abundante, dinero circulando con rapidez, fiestas interminables y la sensación de que todo era accesible. En Margarita se mezclaban familias de clase media, jóvenes en búsqueda de diversión y comerciantes que encontraban en el Puerto Libre una fuente de prosperidad. La isla era el microcosmos perfecto de la bonanza: playas paradisíacas como Playa El Agua, calles llenas de ofertas como la Santiago Mariño y un ritmo de vida despreocupado y alimentado por ese aire "mayamero".

Este espacio fue, durante décadas, el destino más deseado del país, un lugar donde la abundancia adquiría forma tangible. Quien viajaba a Margarita volvía con perfumes importados, ropa nueva, electrodomésticos y la satisfacción de haber participado —aunque fuese por unos días— del gran ritual nacional del consumo.

A pesar de la prosperidad, la bonanza petrolera generó una dependencia creciente de las importaciones. Mientras los anaqueles del país se llenaban con productos extranjeros, la industria nacional no lograba desarrollar una base sólida. La economía venezolana se acostumbró a la abundancia fácil: al petróleo que financiaba todo, al dólar preferencial que permitía comprar afuera, a la costumbre de ver en los bienes importados un símbolo de prestigio.

Esta relación con la modernidad importada no fue inocente. Moldeó las ideas de progreso, de ciudadanía, de belleza, de éxito. El venezolano comenzó a verse a sí mismo desde afuera, deseando lo que venía "de afuera" como si fuera, por definición, superior. Miami representaba ese afuera ideal; Margarita, la posibilidad de traerlo al interior.

Este fenómeno cultural tuvo efectos duraderos. El consumo se convirtió en un lenguaje, una forma de pertenencia y una identidad. "Ser moderno" era usar cosas modernas; "ser próspero" era exhibir lo que se había comprado. Incluso quienes criticaban la frivolidad de la época participaban, de una forma u otra, en la lógica cultural del deseo.

AUGE Y CAÍDA

Toda la información anterior para enriquecer el conocimiento acerca Venezuela y comparar de alguna manera su situación económica con la de sus circunvecinos. En tal sentido, existen economistas que aseguran que Venezuela fue, durante gran parte del siglo XX, un referente en crecimiento económico y desarrollo en América Latina. A partir del auge petrolero de finales de los años 20, el país experimentó un incremento exponencial en su Producto Interno Bruto (PIB) y en el ingreso per cápita, alcanzando su pico en 1978, año en el cual el país fue testigo de notables contribuciones en el arte del mosaico por parte de destacados artistas. Uno de los más emblemáticos fue Carlos Cruz-Diez, quien creó la obra "Cromointerferencia de color aditivo" en el Aeropuerto Internacional de Maiquetía. Esta intervención cinética se ha convertido en un símbolo para los viajeros que transitan por el principal aeropuerto del país.

Fue el último año del primer gobierno de Carlos Andrés Pérez. Sin embargo, esta bonanza se transformó en crisis debido a políticas económicas insostenibles, una dependencia excesiva del crudo y un manejo fiscal deficiente.

Según el economista Miguel Rodríguez Fandeo, Venezuela fue el país de mayor crecimiento económico mundial desde finales de los años 20 hasta 1978, gracias a la explotación petrolera y la fuerte inyección de recursos fiscales derivados de la renta petrolera en la economía. Vale decir que este modelo permitió un crecimiento sostenido del 8% interanual durante el primer gobierno de Carlos Andrés Pérez, colocando a Venezuela como el país con el ingreso per cápita más alto de América Latina y uno de los más altos del mundo.

Para 1960, con una democracia recien estrenada, Venezuela superaba económicamente a países que hoy son potencias industriales como Japón, Corea del Sur, Taiwán y Singapur. En términos de ingreso per cápita ajustado a valores de 2005, Venezuela alcanzaba los $10.000, mientras que Japón tenía $7.500, Corea del Sur $300, Taiwán $300 y China apenas $50 (según estimaciones de Ricardo Hausmann y el propio Rodríguez). Sin embargo, este crecimiento no estuvo acompañado de una política de diversificación económica sostenible, lo que sentó las bases para el colapso posterior.

Durante este auge económico, América Latina también vivía transformaciones en distintas áreas. En la música, la década de 1960 vio el auge de la Nueva Canción Latinoamericana, con exponentes como Mercedes Sosa en Argentina y Violeta Parra en Chile, quienes reflejaban la realidad social y política de sus países. En Venezuela, artistas como Simón Díaz y Aldemaro Romero consolidaron géneros como la tonada llanera y la Onda Nueva, fusionando música tradicional con elementos modernos.

En términos económicos, Brasil experimentaba su "milagro económico" en la década de 1970, con un crecimiento sostenido basado en industrialización y exportaciones. México, por su parte, se beneficiaba de su cercanía con EE.UU., aumentando su producción manufacturera. Sin embargo, muchos países de la región también enfrentaban problemas de deuda externa que estallarían en la crisis de la década de 1980, tal como se ha comentado en paginas anteriores.

Pero el declive llegó más pronto de lo que se esperaba; el colapso económico de Venezuela se debe a varios factores interconectados de los que hablaremos a continuación.

En primera instancia hay que señalar que, a partir de la década de 1970, el gobierno venezolano comenzó a implementar una política petrolera que descuidó la inversión en la industria y la expansión de la producción.

En su pico histórico de 1970, Venezuela producía 3,7 millones de barriles diarios, pero esta cifra comenzó a descender debido a la falta de reinversión en tecnología e infraestructura según palabras del profesor Asdrubal Baptista.

También en ese año, 1970, Venezuela fue escenario de varios acontecimientos deportivos significativos que marcaron la historia del país. Uno de los eventos más destacados fue la celebración de los VI Juegos Bolivarianos en Maracaibo, entre el 22 de agosto y el 6 de septiembre. También en el ámbito del béisbol, los Navegantes del Magallanes hicieron historia al convertirse en el primer equipo venezolano en ganar la Serie del Caribe. Este logro consolidó a Venezuela como una potencia en el béisbol caribeño.

Además, 1970 fue testigo del debut en las Grandes Ligas de David Concepción, conocido como "El Rey David". Su ingreso al béisbol profesional estadounidense marcó el inicio de una destacada carrera que lo convertiría en uno de los peloteros más emblemáticos de Venezuela.

Otra alegría significativa la encontraron en en uno de los deportes más populares del país: el boxeo. El púgil oriundo de la ciudad de Cumaná, Francisco "Morochito" Rodríguez se consolidó como una figura icónica al convertirse en el primer venezolano en ganar un título mundial de boxeo en la categoría de peso mosca. Su triunfo en 1970 elevó el perfil del boxeo venezolano en el ámbito internacional.

Pero volviendo al plano económico, no hay que olvidar que, durante esos mismos años de alegrías deportivas y en plena efervescencia del boom petrolero, el gasto público aumentó sin control. La falta de una estrategia de ahorro a largo plazo y la dependencia exclusiva de los ingresos petroleros llevaron a un déficit fiscal constante que, en momentos de caída de los precios del crudo, resultó en crisis económicas recurrentes.

Ya en el comienzo del recién elegido Carlos Andres Perez, en 1989, Venezuela enfrentaba la peor crisis fiscal y de balanza de pagos de su historia. Antes, la fuga de capitales durante el gobierno de Luis Herrera Campins se estima en aproximadamente $30 billones de dólares, lo que debilitó drásticamente las reservas internacionales del país. Además, el pago del servicio de la deuda ascendía a $4.500 millones anuales, lo que drenaba los recursos disponibles para el desarrollo interno.

También hay que recalcar que la emisión monetaria descontrolada para financiar el déficit fiscal provocó una inflación creciente, que culminó en episodios de inflación significativa. En este contexto, la tasa de cambio se convirtió en el principal marcador de precios, generando una espiral de devaluación que afectó el poder adquisitivo de la población.

A ese ritmo, Venezuela pasó de ser una de las economías más prósperas del mundo a una de las más afectadas por crisis recurrentes, debido a una terrible combinación de dependencia petrolera, mala administración fiscal y falta de políticas de diversificación económica, mientras se mantenía una narrativa de que Venezuela era un "país rico". A pesar de los intentos de reforma, el país no logró revertir la tendencia al declive, lo que dejó una lección clave sobre la necesidad de una economía equilibrada y sostenible.

CONTRA
LOS CAMBIOS

En ese contexto, se suponía que no sería fácil proponer cambios en un país con costumbres políticas que arrasaban todo, desde lo económico hasta lo cultural. No se trata de simple resistencia al cambio como lo plantearon en su oportunidad Zaltman y Duncan o Maurer, quienes la consideraban un comportamiento que trataba de mantener el *status quo* ante cualquier intento de "moverlo" de su espacio original, sino el de preservar prácticas que resultaban convenientes para grupos beneficiarios interesados.

Así, todo aquello que oliera a transformación y que estaba dirigido a remover con intención de sacar desde la raíz a arboles con diferentes ramificaciones y con el tronco torcido, iba a ser bombardeado por los defensores de la era cuaternaria de la política venezolana. Y a eso se enfrentaban quienes proponían los cambios a través del "gran viraje"; a contrincantes (ocultos unos y visibles otros) con mucho poder político, económico y comunicacional.

El poder político estaba representado sin ningún tipo de ocultamiento, de manera estelar, por los dirigentes principales del partido político del presidente, quienes fueron derrotados por Carlos Andrés Pérez en el momento de su nominación como candidato presidencial pero luego triunfaron en la designación del secretario general, imponiéndose sobre el pupilo del presidente. Desde allí, para muchos analistas, se fraguaron las semillas conspiratorias que, como se ha dicho, contó con muchos aliados inicialmente incompatibles para un observador de la historia pero que se fueron acoplando a medida que constataban que sus propósitos coincidentes tenían éxito.

Hay que insistir en que el poder de los políticos no solamente se ejerce cuando se está bajo el manto del "poder" formalmente constituido. Bastan unos contactos y coincidencia de propósito para organizar una cruzada contra una idea o personaje que incomode intereses de diversa índole. Para algunos especialistas, esos intereses se vieron afectados por la voluntad manifiesta e inquebrantable del presidente Pérez de llevar a cabo unas reformas que incluirían la elección popular de gobernadores y de una nueva figura de carácter municipal como lo eran los alcaldes; ahora no era el dedo del presidente influenciado por su partido político quien "elegiría" a los gobernantes de los estados y los municipios sino la propia población escogería a quienes administrarían sus espacios geográficos, propiciando la diversificación de las tendencias políticas de los gobernantes y el tener que compartir el poder con nuevos actores políticos en los cuales perderían el control y la sumisión.

Algunos actores económicos también estarían en desacuerdo con las medidas que aspiraban transformación en la economía. El proteccionismo que había existido durante tantos años estaba entre los procesos nocivos a extinguirse y amenazaban con erosionar el poder de grupos económicos consolidados en gobiernos anteriores. Uno de esos procesos era la eliminación del control de cambio concebido desde el esquema del Régimen de Cambio Diferencial RECADI, un pomposo nombre inventado para designar una institución donde se cocinaron más guisos que en un restaurant de comida criolla.

La búsqueda de transparencia no era precisamente un asunto que le pudiese convenir a todos aquellos actores económicos que construyeron sus fortunas a través de negociaciones fraudulentas con el Estado, y su participación en la guerra contra los cambios aún está en proceso de develarse.

Vinculado a los dos anteriores se encontraba el poder comunicacional. Un verdadero martillo que golpeaban a los procesos de cambio estructural, precisamente desestructurándolos. Todo un sistema de comunicaciones al servicio de la defenestración de un político y su equipo de acompañantes en las funciones de gobierno. Entre los elementos que integraban ese sistema se encontraba prestigiosos diarios y televisoras de alcance nacional que, desde diferentes formatos de emisión, dirigían mensajes a diferentes segmentos de la población para promover la idea de caos y corrupción en un gobierno que no pudo ser acusado en sus actos administrativos de ningún tipo de delito asociado a un hecho corrupto.

El segmento más popular fue altamente influenciado por un producto cultural latinoamericano de mucho éxito en Venezuela como lo fueron las telenovelas, un género en proceso de franca extinción pero que, en un momento, en conjunto con el resto de Latinoamérica generó mucho interés incluso en círculos intelectuales. De hecho, representanres de esos grupos de la talla de Jose Ignacio Cabrujas y Salvador Garmendi participaron actiav y exitosamente en ese movimiento dándole un barniz cultural a la telenovela venezolana.

Una de ellas, denominada "Por estas calles", escrita también por un reconocido intelectual como Ibsen Martinez, mantuvo mediante una trama bien contada, a una población conectada con una crisis que parecía alimentarse de una matriz de opinión acentuadamente adversa al cambio propuesto. Incluso el actor Franklin Virguez, uno de sus protagonistas, relató en una oportunidad un desencuentro con el expresidente Peréz en un aeropuerto, donde éste le increpó el daño que a su juicio el programa televisivo le había hecho a su gobierno y a los propósitos de transformación que él y sus "muchachos" proponian.

¿POR QUÉ LOS "IESA BOYS"? LOS MUCHACHOS DE CHICAGO

Quizás se quede como un misterio en la historia contemporánea de Venezuela, conocer con exactitud quién fue la persona que inicialmente bautizó a los profesionales captados por el presidente Carlos Andrés Pérez para formar parte de su gabinete ministerial como los "IESA Boys". Lo que sí es casi una certeza es que a quién se le ocurrió la idea lo hizo pensando (quizás peyorativamente) en los "Chicago Boys".

Como se ha mencionado con anterioridad, la historia económica de Chile está marcada por un periodo de profundos cambios conocido como la "Revolución de los Chicago Boys". Esta revolución, impulsada por el influyente economista Milton Friedman y sus seguidores, tuvo un impacto indiscutible en la política económica del país sudamericano.

Realizando un ejercicio de precisión, hay que remontarse a la década de los 70, momentos en los cuales Chile enfrentaba una crisis económica y social bajo el gobierno del presidente socialista Salvador Allende. En este contexto, un grupo de economistas chilenos, muchos de los cuales estudiaron en la Universidad de Chicago bajo la tutela de Friedman, comenzaron a implementar políticas económicas basadas en los principios del liberalismo y el libre mercado.

El grupo, conocido como los "Chicago Boys" (la gran mayoría de ellos estudiaron en la Universidad de Chicago), desempeñó un papel crucial en la implementación de reformas radicales en la década de los 80 bajo la dictadura militar del General Augusto Pinochet, en términos que no están para nada exentos de agudas críticas. Estas reformas incluyeron la liberalización de los mercados, la privatización de empresas estatales y la apertura económica bajo la tutela indirecta del Premio Nobel de Economía 1976 Milton Friedman.

Friedman fue un destacado economista estadounidense nacido el 31 de julio de 1912 y fallecido el 16 de noviembre de 2006. Estudio Economía en la Universidad de Rutgers, un Master en la Universidad de Chicago y realizó su Doctorado en la Universidad de Columbia destacándose como profesor en las universidades de Chicago, Princeton Columbia y Stanford. Es conocido por sus valiosos aportes en el campo de la economía y por su defensa del liberalismo económico por medio de la escuela de pensamiento económico conocida como la "Escuela de Chicago". Este connotado "gurú" de la economía moderna realizó importantes contribuciones a la teoría monetaria, especialmente a través de su desarrollo de la teoría cuantitativa del dinero. Entre sus argumentaciones estaba que la cantidad de dinero en una economía es un determinante clave de los niveles de precios y la inflación.

Friedman teorizó y abogó por una política monetaria basada en reglas, en lugar de la discrecionalidad que caracteriza las propuestas económicas donde el Estado tiene un rol interventor. Se destacó por proponer un enfoque que postula a la oferta de dinero como herramienta para controlar la inflación y promover la estabilidad económica que influyó en las políticas monetarias de varios países, incluyendo por supuesto a Chile.

Por otro lado, también contribuyó a la teoría del consumidor, sugiriendo que las decisiones de gasto de los individuos se basan en expectativas racionales y en una evaluación de su ingreso permanente, en lugar de simplemente en el ingreso actual.

Como líder de la llamada "Escuela de Chicago", Friedman influyó en una generación de economistas que aún siguen enarbolando la bandera con sus postulados. Esta escuela se caracteriza por su enfoque en el liberalismo económico, la importancia de los mercados libres y la crítica a la intervención gubernamental excesiva en la economía. Hay que precisar que este destacado economista fue un crítico del keynesianismo dominante en su época (lo cual lo aparta de algunos economistas integrantes de los "IESA Boys") y abogó por políticas económicas basadas en el mercado, la competencia y la libertad individual. Su enfoque influyó en la política económica de gobiernos en todo el mundo, especialmente durante la década de 1980.

La cima de su carrera muchos la ubican en 1976, cuando fue galardonado con el Premio Nobel en Ciencias Económicas por sus logros en el campo de la teoría del consumo, el análisis monetario y su demostración de la complejidad de la política de estabilización. Con todos los méritos, fue una figura influyente en el desarrollo del pensamiento económico en el siglo XX. Su defensa del liberalismo económico y sus ideas sobre la importancia de los mercados libres y la limitación del poder gubernamental han dejado un impacto duradero en la teoría y la práctica económica.

Siendo la primera referencia de los "Chicago Boys" chilenos, uno de los pilares de su influencia en Chile fue la privatización de empresas estatales. Se llevaron a cabo procesos de venta de empresas estratégicas como la minería y las telecomunicaciones, buscando aumentar la eficiencia y la competitividad. Además, se implementaron medidas de desregulación para fomentar la libre competencia. Friedman abogaba por una política monetaria estricta y el control de la inflación como elementos esenciales para el crecimiento económico. En línea con estas ideas, los Chicago Boys implementaron políticas monetarias restrictivas y medidas para estabilizar la inflación.

A pesar de los éxitos económicos que lograron, respaldados fundamentalmente por cifras que los amparaban y los hicieron notales en el mundo del entendimiento económico, las políticas de los Chicago Boys también generaron críticas. La creciente desigualdad y la percepción de que los beneficios económicos no se distribuían equitativamente llevaron a tensiones sociales y políticas en la sociedad chilena.

Vale la pena decir que no eran unos simples tecnocrátasal servicio del dictador. Eran profesionales sobresalientes en su área de desempeño con trayectorias imecables desde la perspectiva académica y profesional. Algunos de los miembros más destacados de este grupo y sus cargos en el gobierno de Pinochet incluyeron a:

1. Sergio de Castro: Doctorado en Economía en la Universidad de Chicago, ocupó el cargo de Ministro de Hacienda entre 1976 y 1980, siendo uno de los principales arquitectos de las políticas económicas de apertura y liberalización.

2. Rolf Lüders: Al igual que de Castro, también obtuvo su Doctorado en Economía en la Universidad de Chicago. Fue Ministro de Minería durante los primeros años de la dictadura (1978-1980) y luego Ministro de Hacienda desde 1980 hasta 1982, siendo otro actor clave en la implementación de las reformas económicas.

3. José Piñera: Ingeniero comercial y economista, y obtuvo su Ph.D. en Economía en la Universidad de Harvard. Hermano del ex - presidente Sebastián Piñera, fue el arquitecto del sistema de pensiones privadas en Chile, conocido como las AFP (Administradoras de Fondos de Pensiones).

4. Álvaro Bardón: Se graduó como Ingeniero Comercial en la Pontificia Universidad Católica de Chile y obtuvo su maestría

en la Universidad de Chicago. Fue el encargado de la planificación económica y coordinador del equipo económico durante parte del gobierno de Pinochet.

5. Jorge Cauas Lama: Obtuvo su doctorado en Economía en la Universidad de Chicago. Fue Ministro de Economía, Fomento y Reconstrucción entre 1982 y 1983, desempeñando un papel importante en la liberalización económica.

Estos economistas implementaron políticas de apertura económica, privatización de empresas estatales, desregulación y reducción del gasto público. Aunque estas medidas contribuyeron al crecimiento económico, también generaron críticas debido a la desigualdad y la falta de inclusión social. No se puede ocultar que el legado de los Chicago Boys en Chile sigue siendo objeto de debate y reflexión en términos de los beneficios y desafíos asociados con las políticas neoliberales implementadas durante ese período.

Coincidencialmente, cuando los Chicago Boys estaban en su pleno apogeo, un venezolano también captó la atención de los ciudadanos chilenos y estremeció al publico de el Festival de Viña del Mar durante dos años consecutivos, su nombre: Jose Luis Rodriguez "El Puma", quien con sus carisma y talento innegable inició la autentica internacionalización de su carrera en el famoso festival del balneario chileno.

A pesar de las críticas, muchas de ellas filosas como cuchillos, el legado de los Chicago Boys en Chile es innegable. Con la implementación de las políticas económicas sugeridas por este equipo de profesionales, la economía chilena experimentó un crecimiento significativo, pero también surgieron desafíos sociales que aún se discuten en el ámbito político y fuera de él.

Cambios que se lograron a fuerza de sangre, sudor y lagrimas y que en Venezuela se intentaron de una manera pacífica pero atacada de manera violenta y en ocasiones hasta irracional.

EL PAÍS QUE SE INTENTÓ CAMBIAR

Para muchos, el llamado "sueño americano" ese lugar donde todo era posible para cumplir lo soñado con todo aquello asociado a bienestar no se encontraba en los Estados Unidos de América. Aunque en la tierra del norte existe una poderosa narrativa, que muestra con irrefutables ejemplos como personas han convertido en realidad, con mucho trabajo y con una buena dosis de suerte, sueños que eran inverosímiles o simplemente difíciles de realizar en sus lugares de origen, existía en la geografía americana otro país donde muchos llegaron con sus maletas "oníricas" y gracias a su trabajo y esfuerzo sostenido (y una dosis de suerte también) lograron cumplir lo que en sus lugares de origen era incumplible.

Ese país, con una belleza indescriptible y mejores personas, se localizaba al norte del sur de América, un espacio geográfico que por una anécdota de asociación con una ciudad de Italia lo bautizó Americo Vespuccio como Venezuela. Un país que gracias a sus recursos naturales (para algunos una maldición) pudo avanzar vertiginosamente hacia niveles inusitados de prosperidad que despertaron la envidia económica de algunos vecinos que paradójicamente albergan hoy a muchísimos venezolanos.

Y es que Venezuela era considerada como "el país de las mujeres bellas" por la cantidad de certámenes de belleza donde resultaban ganadoras las mujeres venezolanas. Se comentaba en ese entonces que tal beldad se debía a las migraciones que trajeron la posibilidad de combinar los atractivos foráneos como los locales lo que dio como consecuencia la característica belleza venezolana, porque los niños con "plumas de pavo real" como decía la letra de la canción de Cesar del Ávila y que catapultó a la fama internacional a "el puma" José Luis Rodríguez en un Chile gobernado férreamente por Augusto Pinochet.

Eran momentos en los cuales, si bien se observaba como una distorsión cultural la preferencia del venezolano a visitar países extranjeros antes de conocer su propio país, el venezolano se sentía sin decirlo orgulloso de su gentilicio y de un país que con todos sus defectos y errores lo consideraba imbatiblemente democrático.

Un país donde un maestro de escuela podía con su trabajo mantener a una familia y la oficialidad y la sub-oficialidad militar recibía por igual en diciembre su "cesta navideña" con productos de diferentes partes del mundo como los italianos *panettones*, los españoles turrones, el francés Cognac y el infaltable escocés Old Parr. Una nación donde el grueso de la población podía sentarse a comer en la misma mesa sus hallacas y pan de jamón aún teniendo preferencias políticas distintas.

Pero esa Venezuela no es la que a finales de la década de los ochenta se intentó cambiar. No era el país que, al estilo venezolano de resolución de problemas, resolvió la crisis artística de principios de los ochenta con el deterioro de la moneda con la promoción de artistas nacionales de donde surgieron o se afianzaron cantantes de la talla de Franco De Vita, Frank Quintero, Yordano, Melissa, Ilan, Guillermo Davila, entre otros. entre otros. Ese país con ilusión de prosperidad que según algunos analistas se iba disolviendo hasta convertirse en otro espacio, mucho más áspero y espinoso, donde las dificultades económicas empezaban a ponerse a la orden del día. Una crisis que iba poco a poco golpeando y que tenía su acento en la endeble economía que se apoderó de un país que en lo internacional siempre se conoció como un país rico.

Pero que entró en aprietos, según algunos expertos, a raíz del endeudamiento en el que incurrió el país embriagado por lo que fue denominado el "boom" petrolero que caracterizó a los años de la década del 70 y los 80. Un endeudamiento que al parecer no contó con la estrepitosa caída de los precios del barril de petróleo, ese "oro negro" que el experto petrolero Juan Pablo Pérez Alfonzo, quien fue a la postre uno de los padres de la Organización de Países Exportadores de Petróleo (OPEC por sus siglas en inglés), llamó en una oportunidad "el excremento del diablo". Y es que desde la caída de la cotización internacional del petróleo por diferentes motivos a comienzos de los años 80 empezó un desplome imparable de la economía del país mientras el Estado venezolano aumentaba de manera desmesurada sus gastos.

Como se adelantó en líneas anteriores, los gobiernos de Jaime Lusinchi (AD) y de Luis Herrera Campins (COPEI) no pudieron paliar la crisis y en algunos casos la incrementaron con políticas económicas erradas incapaces de solventar la creciente inflación y el déficit fiscal, tan solo dos indicadores económicos que prendían las alarmas para avizorar una crisis aún más profunda. Lo anterior trajo como consecuencia desconfianza en los inversionistas y una pérdida de credibilidad de la moneda que en otros tiempos fue considerada una de las más fuertes y solventes en la comunidad económica mundial.

Ese país que se intentó cambiar y no se pudo se fue transformando de igual manera, pero por caminos diametralmente inversos a los deseados; hacia una dirección donde no solo fue empeorando la situación económica, que fue solamente paliada por las irregulares subidas temporales de los precios del petróleo, sino que los componentes sociales que sustentaban su cultura, convirtiéndose en muchos aspectos que en un gran problema que incluye la forma de comportarse de algunos venezolanos que luego empezaron a recorrer el mundo y no precisamente con fines recreacionales. Lo que llevó a muchos venezolanos reflexivos a preguntarse ¿por qué somos como somos?

¿POR QUÉ SOMOS COMO SOMOS?

La cultura que hizo al venezolano de hoy, al que se conoce cuando trascienden las fronteras tiene características muy singulares y pudiesen tener sus raíces en dos aspectos que se convirtieron en banderas culturales a través de la narrativa que se construyó a partir de ellas: las afirmaciones acerca de que Venezuela es un país rico y la creencia de la belleza como valor representativo del ciudadano venezolano.

Durante décadas, Venezuela fue vista como una nación rica, un país con vastas reservas petroleras que generaban ingresos exorbitantes. Sin embargo, la diferencia fundamental entre un país rico y un país con recursos es que la riqueza implica una economía diversificada, instituciones sólidas y una sociedad orientada hacia la productividad y el desarrollo. En cambio, un país con recursos puede tener grandes reservas de bienes naturales sin que ello se traduzca en bienestar sostenible para su población.

Venezuela, a lo largo del siglo XX, cayó en la trampa de confundir riqueza con disponibilidad de recursos. La bonanza petrolera creó la ilusión de un país con prosperidad infinita, lo que moldeó el comportamiento de su sociedad. En lugar de fomentar la innovación, el emprendimiento y la educación como pilares del crecimiento, se instauró una mentalidad de dependencia del Estado, donde los ciudadanos esperaban beneficios sin una contrapartida productiva. Esta forma de pensar se asemeja a la actitud de los hijos de familias ricas que, sin haber generado su propia riqueza, viven del legado de sus antepasados sin preocuparse por su sostenibilidad a largo plazo.

La facilidad con la que el Estado distribuyó los ingresos petroleros en subsidios, empleo público y grandes proyectos sin planificación realista reforzó esta cultura de consumo inmediato sin previsión para el futuro. El *petroestado* permitió una sociedad donde el trabajo productivo fue relegado y donde muchas personas asumieron que la riqueza del país era eterna, sin considerar las consecuencias de una economía monodependiente. Este modelo funcionó mientras los precios del petróleo eran altos, pero al disminuir, quedó expuesta la fragilidad del sistema.

La crisis económica que sobreviene en un contexto así es similar a la que enfrenta un heredero que malgasta su fortuna sin invertirla inteligentemente. La falta de diversificación económica, el declive institucional y la dependencia del rentismo llevaron a Venezuela a un colapso financiero que impactó de manera directa en la calidad de vida de su población. De la opulencia y el exceso se pasó a la escasez y la incertidumbre, y con ello, se desmoronó la idea de que el país era rico.

Al padeder una realidad que supera cualquier análisis, el caso venezolano deja una lección clara: la riqueza real no proviene solo de los recursos naturales, sino de la capacidad de una nación para generar valor, innovar y construir estructuras económicas sostenibles. Sin estos elementos, un país con recursos puede terminar en la pobreza, mientras que un país sin grandes reservas naturales, pero con instituciones fuertes y una cultura de trabajo, puede alcanzar un desarrollo próspero y sostenido.

Por otro lado, no existen pocos que creen que el culto desmedido a la belleza ha ido en aumento en la sociedad contemporánea, con una influencia palpable en la forma en que valoramos y apreciamos a las personas. Si bien la belleza puede ser para algunos innegablemente importante, el excesivo énfasis en ella en detrimento de la intelectualidad puede tener consecuencias profundas y perjudiciales en la sociedad.

En ese marco de ideas se puede afirmar que el culto a la belleza tiende a fomentar una cultura superficial en la que el aspecto físico se convierte en el principal criterio de valoración de una persona. Esto puede llevar a la tragedia que implica la marginación de aquellos que no cumplen con los estándares tradicionales de belleza y, al mismo tiempo, puede desalentar el desarrollo de habilidades intelectuales al poner el foco en el "envoltura" física con el riesgo de que la obsesión por la apariencia puede llevar a una falta de valoración de la profundidad, la inteligencia y el pensamiento crítico.

Lo anterior resulta extremadamente peligroso, más cuando la belleza es sobrevalorada en detrimento de la intelectualidad, se corre el peligro de que las personas dediquen menos tiempo y esfuerzo al aprendizaje y al desarrollo de sus capacidades intelectuales, teniendo como consecuencia que la presión por cumplir con los estándares de belleza lleve a una distracción constante y a una disminución del interés por la educación y la adquisición de conocimientos.

En primera instancia, puede tener un impacto devastador en la autoestima de las personas. Aquellos que no se ajustan a los estándares de belleza dominantes pueden sentirse marginados, inseguros y menos valiosos. Esto puede inhibir su confianza para expresar sus opiniones y participar en actividades intelectuales, lo que a su vez limita su crecimiento intelectual y contribución a la sociedad. También, la obsesión por la belleza puede aumentar la división social al crear una jerarquía basada en la apariencia física. Esto puede llevar a una sociedad fragmentada en la que las personas se juzgan y se comparan constantemente en función de su aspecto, en lugar de valorarse por su conocimiento, habilidades y contribuciones intelectuales.

Vale la pena observar lo que ha sucedido en Venezuela y que se incrementó a partir de 1979, al resultar ganadora la venezolana Maritza Sayalero en el certamen "Miss Universe" en Perth, Australia, donde para muchos entendidos comenzó a considerarse al país como una potencia en "fabricación" de "misses" y un "triunfo nacional" cuando alguna venezolana ganaba un evento de belleza alrededor del mundo y que se reforzaba continuamente con una seguidilla de concursos internacionales de belleza dominados por venezolanas.

Esa racha de "triunfos" que empezó Maritza Sayalero en el concurso "Miss Universo" en lejanas tierras australianas, fue seguido por Irene Saez (1981), Barbara Palacios (1986), Alicia Machado (1996), Dayana Mendoza (2008), Stefania Fernandez (2009) y Maria Gabriela Isler (2013). Aunque ya el país contaba con una reina de belleza del certamen "Miss Mundo" como lo fue Susana Dujim, la seguidilla de triunfos la inicio Pilin León en 1981, seguida por Astrid Carolina Herrera (1984), Ninibeth Leal (1991), Jaqueline Aguilera (1995) e Ivian Sarcos (2011). Es impresionante como las discusiones basadas en expectativas y resultados ocupan las conversaciones del país en todos los ámbitos y como se centraba el foco en un aspecto irrelevante para otras naciones consideradas "desarrolladas".

Lo anterior, aunado a la producción de telenovelas con una aceptación importante, no solo dentro de la población venezolana, sino más allá de sus fronteras, convirtió a una sociedad enfocada en sus misses y artistas, influenciando a la gente (incluyendo a los sectores más populares) a desarrollar aspiraciones de pertenecer a un mundo de artistas, que para algunos intelectuales era frívolo y vacío, y empezar a desdeñar de la posibilidad de estudiar una carrera universitaria por considerarla una pérdida de tiempo que lo podían emplear en algo más "lucrativo".

Ese país de las "mujeres bellas" (como fue bautizado en algún momento), rico si, en cultura y diversidad, desde hace décadas enfrenta a partir de estas creencias, desafíos políticos y sociales monumentales. Uno de los fenómenos preocupantes que ocurrió con mayor énfasis a principio de los ochenta fue el alejamiento de los jóvenes del interés por la política, un fenómeno que parece estar relacionado con la creciente influencia del culto a la belleza y la práctica del hedonismo en una sociedad venezolana que a su vez fue caldo de cultivo para la incomprensión de políticas económicas necesarias y propuestas por gente calificada y el posterior advenimiento de aventureros ambiciosos de poder sin preparación alguna en el campo de la política nacional.

A juicio de algunos, apoyados por la opinión de muchos, en Venezuela la belleza física a menudo se ha valorado de manera desproporcionada. Este énfasis en la estética se manifiesta en una serie de áreas, desde mencionados los concursos de belleza hasta la marcada obsesión por la cirugía estética: que haya sido el programa del certamen "Miss Venezuela" el más visto del país por años y lo cotidiano que siempre resultó una conversación sobre operaciones para agrandar el busto o los glúteos, así lo confirman.

Los jóvenes, en particular, han enfrentado una presión considerable para cumplir con los estándares de belleza que la sociedad promueve. Esta obsesión puede llevar a una búsqueda constante de la perfección física, desviando la atención de cuestiones políticas y sociales importantes o incorporando protagonistas del medio de la farándula a los escenarios políticos.

También la "farandulización" de la política en el país petrolero, tuvo quizás su mayor auge cuando se intentó llevar a la presidencia a una ex "miss universo", creyendo sus mentores que su popularidad como reina de belleza podría trasladarse al plano político nacional, sobrevalorando sus incipientes éxitos como mandataria local de un municipio caraqueño como Chacao. Un experimento que costó recursos y esfuerzos que bien pudieron haberse enfocado en una opción más viable para enfrentar lo que se venía cargado de demagogia populista.

Aunque para muchos les sea difícil reconocerlo, eran propuestas cimentadas en el hedonismo, una filosofía de vida que enfatiza la búsqueda del placer y la satisfacción personal, que ganó y sigue ganando terreno en la sociedad venezolana, en una extraña simbiosis de opresión de las libertades y búsqueda incesante del placer y la frivolidad. En esa dirección, la "caza" constante de la gratificación inmediata y el consumismo pueden desviar la atención de los jóvenes de temas políticos que requieren compromiso a largo plazo y reflexión crítica. La satisfacción instantánea puede parecer más atractiva que la participación activa en la política, que a menudo implica lidiar con desafíos complejos y procesos inevitablemente largos.

Es por ello y otras razones de las cuales ya nos hemos referido que desde hace tiempo se ha venido experimentado una severa crisis política prolongada y profunda, lo que ha llevado a un aumento en el desencanto político, especialmente entre los jóvenes. La falta de soluciones efectivas a los problemas del país, la corrupción y la polarización política pueden hacer que los jóvenes se sientan desilusionados y desmotivados para participar en ella.

Por tanto, no descubrimos el agua tibia cuando expresamos que el alejamiento de los jóvenes de la política con P mayúscula en Venezuela ha tenido y tiene implicaciones significativas para el futuro del país. La juventud representa un recurso valioso de energía, ideas frescas y entusiasmo para el cambio. Su participación activa en la política es esencial para lograr soluciones efectivas a los desafíos que enfrenta Venezuela.

De manera que el culto excesivo a la belleza, expresado en el marcado interés de los venezolanos por los concursos que premian esa característica en las personas, en detrimento de la intelectualidad, puede dañar profundamente una sociedad. Que se queda vacia de ideas y acciones para el necesario cambio, convirtiendo a la sociedad en un cascaron vacío. Si alguien tiene duda de ello solo observe sin mucho cuidado el contenido que tiene mayor audiencia en las redes sociales.

Entonces, se hace urgente promover la importancia de la inteligencia, la educación y la valoración de las personas por su intelecto porque es esencial para fomentar una sociedad equitativa, cohesiva y enriquecedora.

De cualquier forma, nunca es tarde para reflexionar sobre la forma en que valoramos a las personas y promover un enfoque más completo y equilibrado en nuestras interacciones y expectativas sociales. En ese sentido, habría que poner con más atención el ojo en el culto a la belleza y la práctica del hedonismo en Venezuela porque, como en años anteriores con algunos periodos excepcionales, pueden estar contribuyendo al distanciamiento de los jóvenes de la política y al acercamiento de ideales sin sentido que no proprcionan valor a la sociedad, al contrario, la desmantelan de toda posibilidad de pensamiento critico y reflexivo sin ninguna posibilidad de progreso ni individual ni colectivo.

Es fundamental abordar este problema y fomentar la conciencia política entre los jóvenes, promoviendo la idea de que el cambio político y social positivo es posible a través de su participación activa y comprometida.

Al crear oportunidades para que los jóvenes se involucren en la política y alentar la reflexión crítica sobre los problemas que enfrenta el país, se puede trabajar hacia un futuro en el que la juventud venezolana desempeñe un papel vital en la construcción de una sociedad más justa y próspera.

EL GRAN VIRAJE

Como se ha mencionado con anterioridad, la Venezuela que se dirigía hacia el siglo XXI requería de un cambio en su estructura y procesos. Algunos pensaban que el modelo político y económico para ese entonces había llegado a su fin, por tanto, se necesitaban nuevas propuestas para sustituir lo viejo por lo nuevo. En ese contexto apareció el conjunto de medidas económicas conocidas como "El Gran Viraje".

Para ese entonces la televisión venezolana hipnotizaba a los venezolanos con telenovelas que capturaron la atención del público y mantenían entretenidos a la gran masa. Producciones de factura nacional como "La Revancha", protagonizada por Rosalinda Serfaty y Jean Carlos Simancas, narraban historias de amor y venganza que resonaban con la audiencia. Otra producción destacada fue "Rubí Rebelde", transmitida por una Radio Caracas Televisión (RCTV) que no sospechaba de su próxima desaparición, que se convirtió en un éxito rotundo. Además, telenovelas como "Cristal" (también de RCTV) no solo triunfaron en Venezuela, sino que también alcanzaron fama internacional, siendo especialmente populares en países como España, donde su emisión en 1989 marcó un hito en la programación televisiva de la nación iberica.

Volviendo a las transformaciones políticas que se intentaron gestar en ese año, recordemos que el viraje, fundamentalmente es un cambio de rumbo o de dirección que permite encaminarse hacia otros espacios aún no transitados y es precisamente eso lo que buscaba un político con mucha experiencia, que venía de la "vieja escuela" como Carlos Andrés Pérez. Su actividad política pasaba desde su trabajo en la clandestinidad durante la dictadura de Marcos Pérez Jiménez, su paso por el Congreso como parlamentario, su cuestionada labor como Ministro y su recordada gestión como Presidente de la República.

Sin tener estudios académicos que certificaran su conocimiento (de hecho, los adversarios llegaron a llamarlo "el bachiller" Pérez) este controversial dirigente político observaba, en un momento en el cual su partido político (AD) tenía un poder indiscutible, una oportunidad de oro para cambiar la historia (uno de los anhelos de estas personalidades grandilocuentes).

El Gran Viraje, que los medios de comunicación en ese entonces titularon como el Paquetazo Económico, fue en esencia un conjunto de acciones para ejecutar con el propósito de transformar el comportamiento económico del país que venía paulatinamente en franco deterioro. Fue para la época, una audaz respuesta a la recesión económica que estaba padeciéndose para ese entonces y consistía en una serie de medidas para "sanear" su golpeada economía para el periodo presidencial que empezaba en 1989 y se pensaba terminar en 1993.

Vale la pena señalar que el olfato político de Carlos Andrés Pérez, que de la misma manera que tenía una gran masa de seguidores poseía una gran cantidad de acérrimos adversarios, advirtió que existía una impostergable necesidad de intervenir drásticamente, ya no con los mecanismos tradicionales de solución que ya se habían puesto a prueba en los otros periodos presidenciales sino con nuevas ideas que vinieran también de nuevos profesionales de alto nivel.

En el trascurso de una campaña electoral vacía de contenido (según algunos expertos en estrategia electoral), las expectativas de cambio se dirigieron hacia el regreso de la "Gran Venezuela". La consigna "con los adecos se vive mejor" estaba para ese momento desgastada y difícil de utilizar por la gestión del presidente saliente pero no fue un obstáculo para que el electorado venezolano pensara que con Carlos Andrés Pérez se viviría "más mejor".

El presidente Pérez, quien era una figura política que venía precedido con una fama de gestor de prosperidad, le fue muy bien en las elecciones de 1988, en las que se enfrentó al adversario del principal partido de oposición quien buscó en toda la campaña electoral un duelo de tipo generacional, promocionándose como el *presidente nuevo*. Sin embargo, a un político talentoso y bien preparado como Eduardo Fernández del partido social cristiano COPEI no le fue suficiente ese enfrentamiento entre generaciones, ya que la decisión de los electores se inclinó por ese líder que les recordaba los tiempos de bonaza y estaba enraizada la creencia que con la vuelta de este hombre al poder también volvería esa sensación de prosperidad que se vivió durante su primer periodo presidencial.

Una vez ganada la contienda electoral, vale decir con un escaso apoyo de su partido, en el mes de febrero de 1989 se procedió a el acto de proclamación a lo que muchos (adversarios y amigos) llamarón "coronación". Un evento donde asistieron presidentes y representantes de gobierno de innumerables países incluyendo al dictador cubano Fidel Castro.

Para algunos especialistas en imagen y comunicación que se han manifestado posteriormente, ese acto de proclamación fue uno de los primeros errores comunicacionales de la segunda administración del líder político. La ostentación y la parafernalia del evento generaron en la colectividad la sensación irrevocable de que venían unos tiempos con las mismas características de su primer gobierno, donde el derroche y la "dolce vita" iban a ser de nuevo protagonistas.

Desde luego como se ha descrito con anterioridad las condiciones no eran ni siquiera similares. Había que intervenir duramente la economía y solicitarle a la población sacrificios que nunca antes se le había demandado. Se necesitaba un cambio de timón, una mudanza en las creencias y las acciones que no se correspondía con el evento de asunción a la presidencia del experimentado dirigente nacional.

A los pocos días de su subir la rampa hacia el poder, se procedió al anuncio de las medidas económicas que se implementarían como se dice en el argot popular "sin anestesia", cuyo objetivo era una progresiva desregulación de la economía a través de un programa de ajustes macroeconómicos avalados por el Fondo Monetario Internacional (el temible FMI).

Muchos analistas sostienen que, al contar Carlos Andrés Pérez con un espaldarazo electoral sorprendente, estaba decidido a la aplicación de las medidas económicas para administrar de manera diferente los recursos del país a pesar de haber sido acusado de ser uno de los principales responsables de la crisis que se padecía, principalmente a causa del derroche administrativo de su primer gobierno que se caracterizó por llamarse pomposamente la "Gran Venezuela".

Entre las medidas económicas iniciales que se anunciaron en su momento se encontraban decisiones que tenían incidencia sobre el sistema financiero, la sinceración de la política fiscal, comercio exterior, deuda externa, política cambiaria, política social y servicios públicos.

Algunas de esas medidas fueron: liberación de las tasas de interés hasta un tope del 30%; reducción del déficit fiscal en no más del 4% del Producto Territorial Bruto; eliminación progresiva de los aranceles que se le imponen a las importaciones; eliminación de la tasa de cambio preferencial; unificación cambiaria; mercado libre de divisas; liberación de precios a excepción de 18 renglones; incremento gradual de las tarifas de servicios públicos; aumento inicial de la tarifa de transporte público en un 30%; incremento del precio de la gasolina, entre otras medidas desde una perspectiva económica que fue considerada "neo-liberal" concebido para generar cambios sustanciales en la economía nacional.

Para ello, el presidente Pérez sorprendió incluso a los propios dirigentes de su partido al anunciar su gabinete ministerial que estaba integrado en su mayoría por jóvenes venezolanos altamente preparados desde el punto de vista profesional, educados en las mejores universidades del mundo y con una invaluable calificación técnica entre los que se encontraban Miguel Rodríguez Fandeo, Gustavo Roosen, Moisés Naim, Gerver Torres, Ricardo Haussman, Roberto Smith y Jonathan Coles.

Aunque los dos últimos se incorporaron luego al gabinete de ministros vale la pena mencionarlos ya que estaban o en futuro estarían muy vinculados a la institución de educación superior que les daría nombre y por el cual se reconocería en ese repaso de eventos que llámanos historia: los IESA Boys.

LOS IESA BOYS

Mientras en el principal deporte nacional el equipo que representaba a Venezuela, Aguilas del Zulia, ganaba la Serie del Caribe de 1989 con un desempeño de 5 juegos ganados por 1 perdido, el programa de ajustes económicos que buscaba cambios estructurales en la conducción de las políticas públicas del país con énfasis en lo económico denominado el "Gran Viraje" estaba a punto de implantarse por un equipo de técnicos profesionales formados mayoritariamente en el exterior en universidades de gran prestigio a nivel mundial.

A estos jóvenes profesionales la prensa nacional los bautizó como los "IESA Boys" en alusión a los economistas chilenos que influyeron profundamente en las políticas económicas durante la dictadura de Augusto Pinochet, a los cuales llamaron en su oportunidad los "Chicago Boys" ya que en su mayoría recibieron formación académica en la Universidad de Chicago bajo la dirección del Premio Nobel de Economía PhD. Milton Friedman quien era profesor de esa casa de estudios y su mentor.

Estos economistas, los venezolanos, todos profesionales muy jóvenes y sobresalientes cada uno en su área de competencia, no solamente influyeron en las políticas económicas de su país sino en diferentes gobiernos de América del Sur como asesores y consultores. Se les asigna la autoría de las reformas en el orden económico y social que de alguna manera condujeron a lo que se denominó "neo-liberalismo" con orientación monetarista que fue una de los signos académicos que caracterizaron la propuesta de Friedman, que llamo a los cambios ocurridos y propiciados por sus discípulos en el país sureño como "el milagro de Chile".

No obstante, se considera que la comparación no traspasa el espacio de lo anecdótico aparte de algunas coincidencias como la formación académica en las mejores universidades de los Estados Unidos, la descentralización del control de la economía y la reducción del tamaño del Estado, con mayor intervención de las fuerzas el mercado, pero en lo pragmático e incluso en la personalidad de ambos grupos se dice que existen marcadas diferencias. La labor de los chilenos, para muchos artífices del Chile moderno, fue realizada en condiciones que fueron facilitadas por la dictadura, sin oposición de ningún tipo e impuestas por un régimen militar que sometió a quienes desde cualquier frente estuviera en desacuerdo con ella.

El caso de los venezolanos es diferente, en lo referente al contexto político que le correspondió actuar. Era, con todos sus defectos y contaminada con toda la crisis descrita, una democracia ejemplo para muchos países del continente y con muchas libertades que en ese entonces muchos países no poseían. Al contrario de los "muchachos chilenos" los economistas del país se enfrentaron a dos fuerzas poderosísimas; una opinión pública influenciada por los medios de comunicación con mensajes adversos al programa de ajustes y una clase política enemiga que estaba dispuesta a todo para defenestrar al principal promotor de las medidas.

Además, el encuentro de los chilenos con las universidades norteamericanas se produce por el interés e iniciativa de unos profesores de la Universidad de Chicago cuyo propósito era el construir un convenio de cooperación académica con la Pontificia Universidad Católica de Chile y en el caso venezolano muchos de lo que se encontraron con la posibilidad de continuar su preparación no solamente en universidades de Estados Unidos sino alrededor de todo el mundo fue mediante las gestiones de una institución creada durante el primer mandato de Carlos Andrés Pérez conocida como la Fundación Gran Mariscal de Ayacucho.

La institución, básicamente un programa de becas de cierta manera democratizó el acceso a la educación fuera de las fronteras de país permitiéndoles a personas de escasos recursos la oportunidad de realizar una carrera universitaria en centros de estudios de todo el mundo. Muchos de los que vivieron en esos momentos, la mayoría beneficiarios de la fundación, cuentan que el proceso de selección de los aspirantes se realizaba de forma masiva mediante el apersonamiento de funcionarios públicos a las diferentes instituciones educativas que albergaban a los muchachos de los últimos años del bachillerato. Allí se llevaban las planillas a ser llenadas por las personas elegibles que en toda una generación la portaban hasta sus casas y discutían con sus familiares la conveniencia o no de tamaña aventura por todas las dudas razonables, sobre todo en los primeros tiempos, que implicaba este ofrecimiento del gobierno.

No serian pocos quienes procedieron a llenar los datos en la mencionada planilla pese a la preocupación y en muchos casos oposición razonable de sus padres y familiares o representantes, jamás pensadas en algunos estratos socioeconómicos que ciertamente resultaron favorecidos con esta iniciativa educativa. No hay denuncias conocidas donde se favorecieran a personas vinculadas con partidos políticos; al contrario, se reconoce entre sus beneficiarios que el único requisito importante era poseer excelentes recorridos académicos expresados en lo que en ese documento que para el momento se conocía como certificación de calificaciones.

Muchos ex-becarios recuerdan que, en las dependencias de los principales liceos y en las oficinas de las Zonas Educativas correspondientes que representaban al gobierno en todas las capitales de los estados del país, se colocaba la recepción de las mencionadas planillas a través de grandes buzones para posteriormente enviar las postulaciones para las oficinas de la Fundación Gran Mariscal de Ayacucho con sede en la capital venezolana para su exhaustivo procesamiento y análisis. Entre esas postulaciones salieron favorecidas muchas de las personas que tuvieron la oportunidad de estudiar fuera del país y a las cuales nos referimos en este libro.

Por cierto, que a ciencia cierta no hay certezas de cómo ese político sagaz que era Carlos Andrés Pérez reunió a este grupo de jóvenes para invitarlos a formar parte de su gabinete ministerial. Lo que se sabe es que muy pocas personas vinculadas al partido del líder socialdemócrata lo sabían, tanto que para muchos fue una sorpresa. Hasta ese momento los cargos ministeriales y de similar importancia estaban reservados para la gente del partido o al menos eran consultados a éste y con criterios no siempre respetables decidían la conveniencia o no de una designación u otra.

En este caso no fue así, y la audacia del veterano dirigente llegó al punto de que pocos de ellos tenían experiencia en la gestión pública, es decir ni siquiera eran políticos o lo que se conocía en ese momento como tales. Sorprendiendo también con la edad del equipo que promediaba los 35 años, algo que también fue cuestionado en su momento, por ello quizás el apodo de "IESA Boys".

Estos muchachos llegaron a integrar el gabinete ministerial en una Venezuela que escuchaba con mucha atención la música de talentosos venezolanos como Yordano y Franco De Vita (de origen italiano), Guillermo Davila; Ilan Chester y Ricardo Montaner. El espectáculo de alguna manera eclipsaba la política, de hecho el cierre de campaña del candidato ganador lo hizo junto a la presencia de Jose Luis Rodriguez "El Puma" que gritaba desde el escenario "Este es el hombre!", y solo una figura como Carlos Andres Pérez con su promesa de regreso a la abundancia podia tener la visibilidad suficiente como para despertar interés en la población que no sabia hasta su asuncion que vendría acompañado por los "muchachos del IESA".

Ahora cabe preguntarse ¿Por qué IESA Boys? El IESA es el acrónimo del Instituto de Estudios Superiores de Administración, una institución que fue fundada por Ricardo Zuloaga Matos y otras personalidades del ámbito educativo y empresarial, siendo su primer Presidente en el año de 1967 el Doctor Santiago Vera Izquierdo, un distinguido y reconocido intelectual que había ocupado cargos de relevancia en el sector público y académico del país entre los que se encontraba el de Rector de la Universidad Central de Venezuela desde 1946 hasta 1948.

Es considerada la primera escuela de gerencia del país y se ha ganado a través de los años un prestigio que a traspasado las fronteras. Algunos sectores la han señalado como un semillero de ideas liberales en contraposición con las ideas de actores del ámbito político que han dirigido al país, y que la han señalado como una institución elitista muy cercana a la esfera empresarial del país.

A pesar de las críticas, el IESA es un prestigioso instituto de educación superior, que dentro de sus ofertas formativas se encuentran desde Diplomados, certificaciones, programas y cursos hasta estudios de posgrado como Especializaciones y Maestrías que se han destacado por la altísima calidad académica de sus profesores y por la constante actualización de sus pensa de estudios. Por sus orígenes destaca la Maestría en Administración y los estudios relacionados con la gestión pública.

En resumen, es una institución educativa de mucha relevancia y prestigio que se caracteriza por una plantilla de profesores del más alto nivel, constructores de opinión pública, la mayoría con formación académica y experiencia profesoral en universidades extranjeras con altos estándares de exigencia y reconocidas como las mejores a nivel mundial.

La vinculación de muchos de los integrantes del gabinete ministerial del Presidente Carlos Andrés Pérez con la institución era de orden académico ya que muchos de ellos formaban parte de plantilla profesoral del centro de estudios. Los IESA Boys, sin ningún orden relacionado con su relevancia en el gobierno, eran:

Miguel Rodríguez Fandeo

Uno de los "IESA Boys" con mayor exposición mediática fue Miguel Rodríguez Fandeo. A Rodríguez Fandeo le correspondió una de las labores más complejas al asumir la cartera de CORDIPLAN como Ministro de Estado; fue una de las caras más visibles del equipo ministerial y prácticamente el vocero del gabinete en relación con las medidas económicas que correspondía aplicar.

Con un verbo apasionado y con un carácter con tendencia a lo explosivo, Miguel Rodríguez se manifestaba a sí mismo como uno de los creadores intelectuales del paquete de medidas económicas que se denominó "El Gran Viraje". No había cumplido 36 años aun cuando asumió tan importante misión, pero contaba con la energía y el optimismo de ejecución propio de esa juventud que busca llevar a cabo sus ideas.

Rodríguez Fandeo contó con una beca otorgada por la Fundación Gran Mariscal de Ayacucho, que le permitió los recursos económicos para estudiar en el exterior. Se trasladó a los Estados Unidos unos años antes después de graduarse con honores en la Universidad Central de Venezuela de las carreras de Economía e Ingeniería que cursó de manera simultánea.

En Norteamérica se dispuso a estudiar en una de las universidades insignes del país como lo es la Universidad de Harvard, uno de los centros de estudios universitarios más exigentes en seleccionar a sus alumnos, aunque de igual forma estaba calificado y fue admitido para ingresar a otras universidades de igual prestigio como las universidades de Columbia y Berkeley. En Harvard comenzó y terminó exitosamente una Maestría en Ciencias Económicas. Posteriormente ingresa a la Universidad de Yale a realizar su doctorado en economía. En Yale tuvo la oportunidad de conocer al profesor James Tobin con quien trabajó de una forma muy cercana como su asistente en los recintos de la universidad.

El Dr. Tobin, uno de los economistas más destacados del siglo XX, posteriormente fue Premio Nobel de Economía en 1981 por su análisis de los mercados financieros y sus relaciones con las decisiones de gastos, empleos, producción y precios.

En aquellos momentos, su inquietud por comunicar sus ideas lo lleva a escribir en diferentes medios de comunicación y con mayor frecuencia en la prensa escrita, donde escribe un artículo de espesa profundidad pero con un lenguaje sencillo en el Diario de Caracas titulado "Mitos y realidades del endeudamiento externo de Venezuela" que resuena en un lector: el ex presidente Carlos Andrés Pérez, que se interesa por el productor intelectual del artículo y lo busca para que le exprese personalmente sus inquietudes referidas al comportamiento económico del país.

Luego de una serie de reuniones donde Rodríguez explica sus ideas en el plano económico, El Presidente Pérez lo convoca para integrar su gabinete económico y le solicita una propuesta de un plan para sanear la economía del país. Como se sabe, bajo circunstancias muy complejas que se discutirán más adelante, la aplicación del programa de medidas económicas fue bastante accidentado y especialmente demonizado hasta el punto de que algunos medios de comunicación inculpan a las medidas como uno de los principales detonantes del estallido social conocida como "el caracazo".

Pero el contexto era mucho más profundo y venía gestándose desde los años setenta y ochenta. Venezuela había heredado una estructura económica distorsionada por la abundancia petrolera, marcada por la sobrevaluación del bolívar, un Estado hipertrofiado, una red de subsidios insostenibles y una caída progresiva de la producción petrolera real. Era un país que vivía por encima de sus capacidades y cuyo aparato productivo se hacía cada vez menos competitivo. El "Gran Viraje" no surgió como un experimento ideológico, sino como un intento —quizás tardío, pero inevitable— de detener una trayectoria peligrosa de deterioro económico.

En aquel tiempo, Rodríguez Fandeo defendía con vehemencia la tesis de que el país debía abrirse al comercio internacional, desmontar controles, sincerar precios internos y revisar el rol del Estado. Estas propuestas lo convirtieron en una figura polémica, aplaudida en círculos académicos y empresariales, pero atacada por sectores políticos tradicionales, sindicatos, grupos de izquierda y diversos actores que veían en las reformas una amenaza a intereses instalados por décadas.

Sin embargo, el plan sigue su curso con unos resultados que en cuanto a indicadores económicos fueron exitosamente irrebatibles: luego de una contracción del -8,57% del producto interno bruto PBI en 1989, en 1990 el crecimiento fue del 6,47% y en 1991 subió de manera sensacional y respondiendo a las medidas adoptadas en un 9,73%. También la inflación que en 1989 llegó a para ese momento la exorbitante cifra de 80% descendió en 1990 hasta 40,6% y continúo descendiendo a 34,0% en 1991 y a 31,4% en 1992 a pesar de los inconvenientes derivados del golpe de estado de febrero de ese mismo año.

Estas cifras, que hoy se estudian en centros académicos dentro y fuera de Venezuela, confirmaron que el programa –a pesar del trauma inicial– había comenzado a dar resultados verificables. El país se enfilaba hacia una estabilización macroeconómica sólida, pero el clima político no acompañaba. La narrativa pública se había envenenado con campañas mediáticas, desinformación, simplificaciones y una creciente desesperanza social acumulada tras años de promesas incumplidas. Nada de eso ayudaba.

En 1993 es nombrado presidente del Banco Central de Venezuela, sustituyendo en el cargo a una de las insignias más representativa de los movimientos económicos de aquellos años como lo fue el Doctor Pedro Tinoco. Se deduce que ese cambio se debe a las presiones de los partidos AD y COPEI y una opinión pública influenciada por una conspiración de varios sectores de poder de la sociedad que, ignorando los indicadores macroeconómicos, colaboraron a desprestigiar las medidas económicas a pesar de sus resultados obtenidos para ir en contra del presidente Pérez.

En concordancia con esa operación política, donde colaboraron los más diversos adversarios del presidente, la presión contra las designaciones realizadas continuó y Miguel Rodríguez solo duró un mes en el cargo luego de su postulación como máxima autoridad del BCV.

Su salida del Banco Central fue uno de los episodios más comentados del período. Para muchos analistas, representó la derrota simbólica del proyecto modernizador y el triunfo de la presión política sobre la lógica técnica. Para otros, confirmó que Venezuela no estaba preparada para asumir reformas profundas, pues sus estructuras sociales, políticas y comunicacionales se mantenían ancladas en viejas inercias. Para Rodríguez Fandeo fue, sin duda, un golpe significativo, aunque nunca dejó de defender públicamente lo que creía correcto para el país.

Tras estos acontecimientos, Rodríguez se retira del país a ocupar un puesto directivo en un organismo financiero multilateral y regresa al poco tiempo para incorporarse sin el éxito esperado al ejercicio de la política nacional con el acompañamiento y respaldo del partido Apertura, aspirando como candidato a la presidencia de la república, en un país que ya estaba marcado en el ambiente político por un progresivo proceso de polarización y con un claro favorito para ganar las elecciones.

Permanece en Venezuela atendiendo compromisos profesionales y académicos precisamente con el IESA y con la Universidad Santa María de la que fue Decano del Departamento de Ciencias Económicas entre 2002 y 2004. Actualmente se dedica a la consultoría y asesoría financiera alrededor del mundo y eventualmente su actuación académica se deja sentir en alguna prestigiosa universidad tanto en Estados Unidos como en Europa.

Miguel Rodríguez Fandeo fue sin lugar a duda figura estelar de los "IESA Boys" en ese episodio turbulento de la historia venezolana. En años recientes ante la pregunta de un periodista que le consultó qué reivindicaba de aquellos años respondió: "Nosotros postulábamos una reforma comercial profunda, porque teníamos la visión, yo particularmente, de que Venezuela no solo tenía que aumentar la producción petrolera, sino que podía ser un país exportador de otros rubros distintos al petróleo e hiciera sustitución de importaciones. La reforma comercial era fundamental dentro de ese programa de reestructuración que iba a contravía de la tradición venezolana de estar siempre recortando la producción."

A estas reflexiones, que sintetizan su pensamiento económico, podría añadirse otra idea que solía mencionar: que la economía venezolana no necesitaba parches ni ajustes menores, sino una redefinición completa del modelo de desarrollo, un giro de 180 grados que no dependiera de los precios del petróleo ni del humor político del momento.

Hoy, su figura forma parte del debate histórico sobre modernización, tecnocracia y responsabilidad pública en Venezuela. Aunque polémico para algunos y reivindicado por otros, nadie discute su papel como uno de los protagonistas más influyentes del último intento serio de reordenar la economía venezolana antes del derrumbe definitivo que marcaría los años posteriores.

Moisés Naim

Quizás sea más reconocido por un programa que es trasmitido en la televisión internacional llamado "Efecto Naim" muy bien producido y conducido de manera parsimoniosa por este antiguo integrante original de los "IESA Boys". Naim es, sin lugar a duda, una personalidad de la pantalla de televisión con entretenimiento "culto" (tan difícil de encontrar en estos tiempos de *influencers*).

Su programa de televisión se trasmite alrededor del mundo con excelentes críticas y sus temas van desde análisis novedosos acerca del calentamiento global hasta entrevistas con connotados empresarios como George Soros. Sin embargo, la carrera de Naim no siempre estuvo como presentador delante de las luces de las cámaras.

Este conocido profesional de la comunicación llegó a formar parte del gabinete ministerial inicial del gobierno de Carlos Andrés Pérez II, con tan solo 38 años de edad, sin experiencia política conocida, pero con una preparación académica sanamente envidiable. Su arribo como servidor público fue como Ministro de Fomento, el ente gubernamental encargado para ese momento por de la industria y el comercio.

Nacido en Tripoli en 1952, el joven venezolano de origen extranjero estudió Ingeniería de Sistemas en la Universidad Metropolitana de Caracas, según se comenta uno de los alumnos más brillantes que han pasado por esa casa de estudios. Luego de culminar su grado se traslada a los Estados Unidos a realizar una Maestría y un Doctorado en una de las universidades más reconocidas y rigurosas académicamente hablando del mundo entero: El Instituto de Tecnología de Massachusetts, MTI por sus siglas en inglés, que ha sido clasificada por especialistas por mucho tiempo como la mejor universidad del mundo, una institución que cuenta con 76 premios Nobel entre egresados y profesores (Por cierto, está presidida desde el 2012 por el venezolano Rafael Reif PhD.)

La vinculación de Naim con el IESA data de su participación como profesor en el área de negocios y economía, así como la ocupación de la Dirección Académica de la institución entre 1979 y 1988, cuando pasa a formar parte del equipo ministerial en la cartera encargada del comercio e industria en el país hasta el año de 1990.

Muchas de sus experiencias como parte del gobierno de CAP II están expresadas en su libro *Tigres de Papel y Minotauros*, editado originalmente en 1993. Al finalizar su pasantía por el Ministerio de Fomento, ejerció por un tiempo como miembro del directorio de Banco Central de Venezuela para luego dirigir sus baterías intelectuales hacia los recintos del World Bank como Director Ejecutivo.

Posteriormente este polifacético divulgador social se encargaría de la prestigiosa revista Foreign Policy donde destacó como Editor Jefe, reposicionándola favorablemente entre sus lectores y ganando varios premios de reconocimiento por su labor. Es un prolífico escritor que a brindado al mundo editorial títulos como el ya mencionado *Tigres de Papel y Minotauros (1993)*, *El Fin del Poder* (Debate, 2011) e *Ilícito* (Debate, 2006) entre otros libros donde además de la crítica social ha incorporado en los últimos años también la novela de ficción.

Además de ser una personalidad de los medios audiovisuales y escritos es asesor de uno de los más influyentes *think tanks* del mundo, el Carnegie Endowment for Internacional Peace con sede en Washington. Es un intelectual reconocido y sus libros han sido recomendados por personalidades mundiales como el inversionista George Soros. Su pensamiento siempre ha estado un paso adelantado con sus opiniones disruptivas y generalmente acertadas desde lo prospectivo, como su análisis de los escenarios económicos subterráneos que están dominando al mundo. Experticia que se evidenció en un documental producido por National Geographic titulado *Ilicit:The Dark Trade* , donde participa como el científico social que alerta al mundo sobre la epidemia de los negocios ilícitos a través del mundo y cómo esa propagación lo está afectando.

En un artículo aparecido en el diario El País de España, donde escribe con regularidad una columna, expreso acerca de las tecnologías: "El impacto de las tecnologías digitales se va a acentuar y expandir. Antes las empresas necesitaban capital financiero, capital humano, capital tecnológico y capital reputacional para tener éxito. Dinero, gente, tecnología y buena reputación. De aquí en adelante también necesitarán de capital digital. Esta también es una tecnología. Pero tal como estamos descubriendo, sus usos y consecuencias son aún muy inciertos."

La figura de Moisés Naím no puede comprenderse sin el entorno político y económico que rodeó su ascenso público. A finales de los años ochenta, Venezuela atravesaba una profunda transformación. El agotamiento del modelo rentista, la crisis de la deuda latinoamericana y la inflación creciente habían creado un ambiente de inestabilidad económica y desconfianza social. En este contexto, los "IESA Boys" emergieron como un grupo tecnocrático que proponía modernizar el Estado, reconectarlo con la lógica económica internacional y romper con la dependencia petrolera.

Naím, con su formación en MIT y su participación como investigador del IESA, representaba esta corriente que vinculaba las ciencias sociales con la toma de decisiones políticas. Carlos Andrés Pérez II apostó por esta generación porque percibía que Venezuela necesitaba un shock de modernización institucional, y veía en Naím no solo un académico brillante, sino un puente entre el conocimiento científico y la gestión pública.

El Ministerio de Fomento, bajo la dirección de Naím, estaba llamado a impulsar reformas profundas para modernizar la industria, corregir las distorsiones comerciales y promover un modelo económico abierto. No era una tarea menor: la estructura productiva venezolana estaba rezagada, dependiente de subsidios estatales y aislada de la competencia global. Naím fue parte de la arquitectura intelectual de políticas que buscaban transformar esta realidad, aunque las resistencias políticas, los intereses afectados y la turbulencia social terminaron complicando la implementación.

A pesar de que su rol ministerial solo se extendió hasta 1990, su presencia dejó una huella en el debate público. Naím articuló una visión de futuro que trascendía ideologías rígidas y buscaba situar a Venezuela en el flujo del comercio global. Su salida del gobierno no apagó su voz; más bien la expandió hacia plataformas internacionales.

Como miembro del directorio del Banco Central, reforzó su perfil técnico e institucional. Como Director Ejecutivo del Banco Mundial, adoptó una perspectiva global sobre desarrollo, gobernanza y economía política. Ese recorrido transformó su comprensión del poder, algo que más tarde sería central en *El Fin del Poder*, un texto que cuestiona estructuras tradicionales de autoridad a partir de su experiencia directa en organismos internacionales.

En el ámbito mediático, su labor como Editor Jefe de *Foreign Policy* lo consagró como un intelectual global, no solo latinoamericano. Revistas especializadas destacan cómo renovó la publicación, la volvió más accesible, más actual y más influyente en círculos diplomáticos y académicos.

Su programa "Efecto Naím" llevó al público general debates complejos que antes solo circulaban en entornos académicos: crimen transnacional, política global, populismo, innovación tecnológica, conflictos geopolíticos, corrupción y transformaciones del poder.

Su figura se volvió aún más relevante en el contexto venezolano de las dos últimas décadas. Desde el exterior, Naím ha sido una de las voces más críticas del autoritarismo creciente, del colapso institucional y de la manipulación del poder. Ha analizado el fenómeno del autoritarismo del siglo XXI y cómo este difiere de las dictaduras tradicionales. Este enfoque lo ha convertido en referencia obligada para comprender la naturaleza del poder político contemporáneo tanto en Latinoamérica como en el mundo.

Gustavo Roosen

Si alguien preguntara cual es el oficio insignia de Gustavo Roosen, uno de los "IESA Boys" más destacados, no quedaría de otra que responder: Gerente. Ha gerenciado de manera exitosa espacios de oportunidades tan distintos como una dirección de alimentos en la empresa privada más grande del país, un ministerio de educación requerido de disciplina y orden, la primera empresa pública para el momento encargada de gestionar el producto sostén de la economía venezolana y una decaída empresa de comunicaciones estatal que convirtió en una moderna, eficiente e innovadora empresa privada.

Fue precisamente ese salto de la empresa privada al sector público lo que provocó el "shock" del estamento político de entonces cuando un Carlos Andrés Pérez II convencido de que la modernización de un país con pretensiones de desarrollo debe pasar por la eficiencia de sus instituciones y tomara una decisión poco menos que inusitada. Pocos se imaginaron que esa eficiencia en el sector público empezaría por el Ministerio de Educación cuando asignó la responsabilidad de dirigirlo al Gerente de la División de Alimentos de la empresa Polar una de las más grandes organizaciones privadas del país que ha mantenido con sus productos una gran influencia en la cultura gastronómica cotidiana colocando en la mesa del venezolano su vianda más insigne como lo es la idiosincráticamente venezolana arepa. Era inusual que en una cartera ministerial que se dedica a una función que (aún en las propuestas económicas más liberalmente radicales) es considerada ámbito exclusivo de las responsabilidades públicas como lo es la educación de un país fuera manejado por un ejecutivo proveniente de la empresa privada. Se esperaba un nombramiento de un educador con trayectoria en el área educativa en lo que se conoce como el "magisterio", como por ejemplo un profesor o un gremialista que por las libertades económicas que se disfrutaban en ese tiempo existían en abundancia.

Pese a ello, el presidente anunció a Gustavo Roosen como Ministro de Educación, pasando por encima de los "recomendados" del partido y los candidatos con el perfil "adecuado" para el cargo. Roosen ya tenía vinculación con el IESA aunque en años posteriores esa relación aumentara en intensidad cuando fue colocado como Presidente de la institución, es por eso que, aunque no se mencione con frecuencia como "IESA Boy", ha estado relacionado indudablemente con la institución educativa que le da el nombre al equipo por tanto se considera como miembro, quizás el de mayor edad del conjunto.

Roosen es Abogado egresado de la Universidad Católica Andrés Bello UCAB y posee un Master en Derecho Comparado de la Universidad de Nueva York. Su experiencia gerencial en la actividad privada fue impecable con resultados tanto cuantitativos como cualitativos. Es la representación más fidedigna de que un gerente puede manejar una organización eficaz y eficientemente independientemente de los objetivos de esta con unos principios aplicables tanto en el sector público como en el privado.

Desde su designación como Ministro de Educación, ha sido figura estelar en la conducción de las riendas de las más importantes organizaciones nacionales como la estatal petrolera PDVSA, y la compañía nacional de telecomunicaciones CANTV. En la primera de ellas mantuvo la cultura organizacional que caracterizó a la industria petrolera y en la segunda levantó una empresa ineficiente y tecnológicamente desfasada convirtiéndola en una de las organizaciones de prestación de servicios más eficaz e innovadora.

Su paso por el Ministerio Educación fue turbulento. Su nombramiento desde el principio generó una atmosfera tumultuosa con protestas estudiantiles que lo obligaron en más de una ocasión a suspender las actividades escolares. Lo anterior en medio de un ambiente que propiciado por un sector político que lo acusaba de querer "mercantilizar" la educación con argumentos sin fundamentos que respaldaran tal aseveración.

Se puede afirmar que en cambio en la industria petrolera su gestión fue más sosegada desde la perspectiva de la conflictividad y se sabe que fue aceptado con beneplácito por la organización, aunque no estuviera vinculado previamente a la industria. El espacio de la "meritocracia" que representaba en ese entonces la industria petrolera comprendió las capacidades gerenciales de aquel hombre que llegaba sin amenazar la cultura de la empresa pública que se manejaba con criterios de gerencia profesional.

Quizás el espacio donde Roosen gerenció con mayor tranquilidad haya sido dentro de la organización de la empresa de telefonía nacional CANTV (por cierto, donde permaneció más tiempo); un espacio temporal que le permitió el desarrollo de importantes cambios que convirtieron a la organización en una empresa moderna y ajustada a las exigencias que el mercado demandaba para aquel momento.

Aunque, como se ha mencionado (y en algunas ocasiones insistido) Roosen es fundamentalmente un gerente con capacidad para hacerse cargo de manejar con acierto cualquier organización en la que se le dé la oportunidad de conducir, ha expresado contundentes ideas acerca de la educación en Venezuela. En diferentes artículos en los que con su pluma defiende la importancia de lo educativo por encima de lo económico, desarma a quienes lo han tildado de un hombre con un pensamiento "comercializador" de la educación como si se tratase de un producto en el mercado.

En una oportunidad le declaró a un diario en Panamá lo siguiente: "Las riquezas de un país evidentemente deslumbran, pero lo que verdaderamente nos lleva a una sociedad estable y democrática es la fortaleza de su gente, que está en los valores y en la educación"

Sin embargo, no abandona sus opiniones acerca de lo estratégico y la optimización de recursos, característicos del pensamiento gerencial que lo define, cuando también comentó: "En sociedades más modernas, el modelo apunta hacia acercar la educación al municipio, a la comunidad, que es donde efectivamente están los padres y educandos. Otra propuesta es darle más vigencia al director de la escuela, que sea un gerente educativo bien formado y que sea capaz de administrar un presupuesto destinado a la evaluación permanente de los educadores".

Su preocupación por la educación llega a conectarse con lo cultural, cuando se refiere a la necesidad de detener el "daño antropológico" que se le causa a la población venezolana manifestada en parálisis, aceptación y sumisión, tres elementos que han socavado hasta la identidad del ciudadano cada vez más vulnerable a la "socialización" del daño. Ante aquello, Roosen propone: "Frente a esta realidad se impone la decisión de no permitir que el silencio, condición para que la parálisis, la aceptación y finalmente la sumisión se impongan. Hacerla visible es, sin duda, la mejor manera de impedir la profundización de un daño que se manifiesta a diario. Una de las maneras más serias de hacerlo es motivar la discusión sobre sus manifestaciones y sus causas y sobre el enorme peligro de su acentuación. El mayor aporte actual a Venezuela es el rechazo a la sumisión, no quitar el foco del drama, de manera que más personas sean conscientes de su gravedad".

En la actualidad es precisamente Presidente del Instituto de Estudios Superiores de Administración IESA donde impulsa, pese a la enorme crisis económica que atraviesa el país, una educación de elevada calidad asumiendo la necesidad de expandir por el mundo los servicios educativos que presta la institución.

Gerver Torres

Uno de las "IESA Boys" originarios, miembro del primer gabinete ministerial propuesto por CAP II fue Gerver Jose Torres Torrealba, un economista para ese entonces apenas contaba con 37 años a quien designó Ministro de Estado Presidente del Fondo de Inversiones de Venezuela.

De nuevo el presidente Pérez, desafía a la dirigencia de su partido con una designación alejada de las discusiones acciondemocrátistas que se gestaban en el famoso CEN (Comité Ejecutivo Nacional) del entonces poderoso partido Acción Democrática (AD). Torres, un destacado economista sin experiencia política fue llamado "tecnócrata" por los políticos adversos (y por amigos en algunos casos) al presidente. Economista, consultor, escritor, editor y docente.

Dirigió impecablemente, en palabras de su compañero Miguel Rodríguez Fandeo, el estatal Fondo de Inversiones de Venezuela que era para la época un instituto autónomo que se encargaba de canalizar los excedentes de ingresos fiscales del gobierno con el propósito de invertirlos en programas para ampliar y diversificar la estructura productiva de la economía venezolana. Tenía entre sus funciones coordinar y ejecutar las políticas en los procesos de privatización y celebrar contratos de fideicomiso tanto en calidad de fideicomitente como de fiduciario.

Por tal razón la gestión de Gerver Torres fue de mucha atención por parte de la opinión pública del país ya que se encontraba en el "ojo de huracán" al tener en sus manos la coordinación de la privatización de activos en el país, proceso que contaba con un ejército de opinadores con acceso a los grandes medios de comunicación contrarios a ello.

El proceso de privatización se realizó de manera transparente y no existe ninguna acusación seria de malversación o corruptelas en el periodo gerenciado por el economista salvo las escaramuzas de políticos de la izquierda que estaban emergiendo gracias a las libertades políticas de entonces, que aprovecharon la coyuntura para darse a conocer como es el caso de Aristóbulo Isturiz y su oposición a la venta de la Compañía Anónima Nacional Teléfonos de Venezuela CANTV.

Posteriormente y por sus méritos académicos y profesionales fue Consultor del World Bank, del Banco Interamericano de Desarrollo BID y del International Monetary Fund demostrando en cada una de sus responsabilidades su reconocida capacidad gerencial.

Gerver Torres ha sido uno de los miembros del equipo ministerial originario de CAP II más activo, se ha presentado en los medios reiteradamente para exponer sus puntos de vista sobre la situación económica el país, y ha escrito profusamente sus opiniones en diferentes órganos de la prensa escrita alrededor del mundo.

Fue uno de los fundadores de la Asociación Civil "Liderazgo y Visión", activa desde 1995 con la finalidad de aportar en la construcción de un liderazgo venezolano revestido de calidad. Incluso sus ideas sobre las soluciones que considera oportunas y necesarias para la crisis del país las expresa en su libro *Un Sueño para Venezuela* (2000) que ha alcanzado un nivel importante de ventas.

El economista ha recorrido el país y el mundo con sus planteamientos acerca de cómo abordar la crisis, no solamente económica sino moral, y se defiende de las acusaciones que se hacen sobre la falta de proposiciones para resolverla:" "las propuestas están, lo que ha faltado es narrativa. En ese sentido, creo que los líderes democráticos deberían asumir la narrativa de la reconstrucción. Porque ella se contrapone al gobierno, que ha sido de destrucción y división. Sería, en contraposición, unidad y construcción".

Cabe destacar que lo han catalogado como un "maestro del optimismo" por la positiva pasión que expresa al hablar de las posibilidades de recuperación de Venezuela, que incluye consideraciones que no solo se circunscriben a lo económico y a lo social sino que también un componente poco comentado por quienes aspiran a la re-edificación de un país, como es el caso del factor relacionado con la emocionalidad colectiva, lo que Torres denomina "andamiaje emocional", que explica de la siguiente manera: "Son más bien las claves emocionales de la reconstrucción, ese software detrás del andamiaje de políticas de políticas y medidas económicas y sociales, de grúas y maquinarias que ocuparán el territorio, lo que deberá estar bajo la conducción de nuestro liderazgo, en el panel central de sus preocupaciones y motivaciones".

Es la conciencia de que en la etapa que viene, la más simple de las operaciones, sea reparar una calle o recuperar una unidad de transporte público, podrá estar cargada de mucha emocionalidad y simbolismo de profundo significado, que podemos utilizar a cada instante como impulso para seguir adelante".

Quizás movido por la experiencia donde participó como ministro de una gestión gubernamental que posiblemente se haya enfocado solamente en elementos objetivos, Gerver Torres apela a las dimensiones subjetivas de la experiencia para nutrir de optimismo e inspirar no solamente a los venezolanos en la reconstrucción de su país sino al mundo entero que observará al connacional con la deferencia surgida de la admiración que una vez le tuvo en tiempos de democracia. Es por eso que exhorta en cada una de sus participaciones donde tiene oportunidad de comunicar sus ideas a que la incorporación de Venezuela a los espacios de la libertad sea una tarea épica y así lo expresa: "Hagamos que la reconstrucción de Venezuela sea uno de los puntos luminosos de la humanidad en el presente siglo".

Actualmente se desempeña como consultor estratégico para la empresa Gallup y no deja de emitir su opinión y consideraciones críticas de la situación que vive e Venezuela en los ámbitos social, político y por supuesto económico.

Ricardo Haussman

Considerado uno de los economistas venezolanos de mayor renombre a nivel internacional, Haussman fue el "IESA Boy" que sustituyó a Miguel Rodríguez en CORDIPLAN al pasar éste como Presidente del Banco Central de Venezuela por orden ejecutiva presidencial.

A finales de su veintena ya estaba involucrado en planificación de desarrollo en el gobierno que le precedió a CAP II, pero fue en 1992 con 36 años de edad que se incorpora formalmente como Ministro de Estado al gabinete ministerial.

De carácter afable y muy cuidadoso en su lenguaje cuanto está inmerso en las naturales polémicas que se generan en el ambiente económico-político donde se ha desarrollado, este venezolano se gradúa a los 21 años de la mundialmente reconocida Universidad de Cornell. Aunque su carrera de pregrado, Licenciatura en Ingeniera y Física Aplicada, estaba asociada a las ciencias naturales, se avocó a realizar en la misma casa de estudios un Doctorado Ciencias Económicas que culminó de forma destacada en 1981.

Su vinculación como "IESA Boy" ha sido en primera instancia como Profesor de Economía desde 1985, además de ser el fundador del Centro de Políticas Públicas, donde se ha desarrollado desde entonces una interesante labor de investigación del sector público.

Aunque su paso por el gobierno de CAP II fue de muy corta duración, en su incorporación tuvo también que lidiar con una oposición férrea y sistemática en todos los frentes, con un golpe de estado que generó hasta cierto punto simpatías en la población y una amenaza de destitución presidencial que finalmente se concretó. Sobre esa experiencia en la administración pública en una oportunidad se pronunció: "El gobierno en el que participé tuvo el reto de sacar a Venezuela de un callejón sin salida de tipos de cambio múltiples, tasas de interés reales muy negativas, controles de precios, altos déficits fiscales y gigantescos subsidios a bienes que son consumidos más por los ricos que por los pobres. Esa estrategia distorsiona los incentivos e impide que el país se diversifique, cosa que era fundamental en un país petrolero que enfrentaba precios bajos del barril".

También refuta a quienes no reconocen los logros desea gestión tan vilipendiada por la opinión pública: "El gobierno logró unificar el cambio, liberar precios y tasas de interés, reducir los subsidios indirectos y crear uno de los primeros sistemas de transferencias directas condicionadas. Además, logró privatizar un número importante de empresas públicas y renegociar la deuda externa. La economía se empezó a recuperar a tasas altas, pero eventos políticos terminaron descarrilándola".

Luego de la defenestración del Presidente Pérez, Haussman se desempeñó como Economista Jefe del Banco Interamericano de Desarrollo hasta mediados del año 2000, donde también dejó su huella con la creación del Departamento de Investigación, aportando su conocimiento para el desarrollo de procesos investigativos que han servido de insumo para abordar de una forma más científica los diferentes problemas de la región de influencia del BID.

Hay que señalar que su carrera en el mundo internacional de las finanzas y la consultoría en desarrollo económico ha sido singularmente meteórica, donde se ha ganado un importante sitial como uno de los economistas con mayor prestigio en el mundo. Desde su incorporación como director al Centro para el Desarrollo Internacional de la Universidad de Harvard donde también se desempeña como Profesor de en la reconocida Escuela John F. Kennedy, ha participado en diferentes asesorías relacionados con programas de crecimiento económico alrededor del mundo entero.

Y es a través del mundo donde Haussman ha dejado su huella cargada de conocimientos: saberes que están muy alejados de los que lo acusan de querer pulverizar al Estado en beneficio del mercado. En ese sentido, comentó lo siguiente en una entrevista: "Uno de los debates más inútiles es el del dilema Estado vs. Mercado. En realidad, las dos modalidades de organización, bien entendidas, no son sustitutos, sino que son complementos. Los sustitutos son cosas, así como el té y el café. Los complementos son cosas como el café y el azúcar. Mientras más té tomas, menos café quieres, pero mientras más café tienes, más azúcar quieres. El mercado y el Estado se necesitan el uno al otro. Por eso los países ricos tienen más de ambos".

Ricardo Hausmman ha manifestado preocupación constante por lo que sucede en su país y ha reconocido públicamente que el problema no es solo de carácter económico sino político y social, donde la política tiene un peso fundamental, y se refiere a ello cuando dice: "La política es el mecanismo mediante el cual las sociedades administran las funciones y roles del Estado. La política decide sobre millones de páginas de legislación y sobre las responsabilidades y recursos de miles de entes públicos. Para que estas funciones tan disímiles como la metrología y la defensa nacional puedan ser discutidas en forma coherente, la política tiene que crear una idea del "nosotros", es decir, de una identidad colectiva a nombre de quien se hacen las cosas. Esa identidad se basa en una idea de quiénes somos, de dónde venimos y hacia dónde queremos ir juntos".

Una identidad que en estos momentos está en conflicto permanente, ahogada en una narrativa oficial que busca, motivada por viejos resentimientos, una pugna permanente entre sus ciudadanos. Lo anterior con una maquinaria de intrigas que impiden esa noción del "nosotros" que se refiere el economista.

Narrativa e identidad, dos elementos cruciales para Hausmman, quien considera lo siguiente: "Yo creo que los países caen en serios problemas cuando no tienen bien resuelto el problema de su identidad y de su historia, pues eso los lleva a pensar mal su presente y su futuro. Un ejemplo de ello es la interpretación de la historia de América Latina creada por la izquierda pro-cubana latinoamericana y ejemplificada en el libro "Las Venas Abiertas de América Latina." Según esa historia, la región ha sido la víctima de la dominación externa: somos los herederos de los indios y los esclavos explotados por los españoles y por el imperio americano. Esos poderes extranjeros ejercen su dominio a través de una élite explotadora blanca. El camino hacia el futuro pasa por la lucha de clases y la confrontación con los poderes externos que nos dominan. Dentro de esa lógica es posible entender al régimen cubano o al régimen chavista. Pero esa visión del mundo es una receta perfecta para el fracaso de la nación".

Y añade con respecto al divisionismo: "Nuestro progreso depende, no de la lucha de clases, sino de la cooperación entre todos los ciudadanos y entre nosotros y el resto del mundo. La cooperación es un juego suma-positivo y el arte de la política es identificar y explotar esas oportunidades".

Roberto Smith

Aunque quizás no haya tenido una vinculación directa con el IESA, Smith no deja de pertenecer al grupo de los "IESA Boys", porque la identificación con este conjunto de excelentes profesionales no viene dada necesariamente por una relación de trabajo o estudios con la institución que le da su nombre, más bien por haber pertenecido al gabinete ministerial de CAP II y a la época en que sucedieron los acontecimientos. Pero sobre todo a la similitud de la experiencia política y las credenciales académicas y profesionales de sus miembros cuya característica principal es haber sobresalido en sus estudios de manera brillante y haber aceptado el reto del servicio público en circunstancias definitivamente turbulentas.

Roberto Enrique Smith Perera es un larense que llegó al gobierno de CAP II a la edad de 31 años en 1989 luego de desempeñarse como consultor en una de las más reconocidas empresas de consultoría a nivel mundial como es el caso de McKinsey. Sus inicios fueron como coordinador del VIII Plan de la Nación para el año siguiente ser postulado para ocupar el cargo de Ministro de Transporte y Comunicaciones sustituyendo en el puesto a Gustavo Rada.

Unos años antes el nativo de Barquisimeto se graduaba con honores de Licenciado en Matemáticas en la Universidad Simón Bolívar (donde fue presidente de su Centro de Estudiantes), para luego trasladarse a los Estados Unidos para cursar una Maestría y un Doctorado en Políticas Públicas en la Universidad de Harvard.

Al igual que Haussman fue Profesor en la Escuela de Gobierno John F. Kennedy de la Universidad de Harvard y de la Universidad Central de Venezuela UCV. Otras actividades de carácter académico incluyen su participación como miembro de la Junta Directiva de la Fundación Universidad Metropolitana y miembro del Consejo Superior de la Universidad Simón Bolívar.

En la cartera de Transporte y Comunicaciones estuvo dos años para luego ser asignado y ratificado por los presidentes Velázquez y Caldera como Embajador de Venezuela ante la Unión Europea donde permaneció hasta el año de 1996.

Su experiencia en el gabinete de CAP II se puede calificar de fructífera en muchos aspectos: durante su gestión fueron creadas instituciones que con el paso del tiempo aún permanecen en un país especializado en desaparecerlas fundamentalmente por retaliaciones políticas sin sentido en la mayoría de los casos.

En ese tiempo se fundó el Fondo de Transporte Urbano FONTUR, organismo facilitador y fomentador de mejoras en el transporte público. También se creó el Consejo Nacional de Telecomunicaciones CONATEL, obviamente con una visión distinta a la que se le ha asignado en los últimos tiempos.

Smith, aparte de responsabilidades en la administración pública y su participación en el ámbito académico también ha sido empresario. Ha participado con éxito en la actividad privada, fundando la empresa de telecomunicaciones Digitel en Venezuela y Digicel en Centroamérica, dos empresas que se caracterizaron por su innovación tecnológica y que fueron ejemplo de calidad en la prestación de servicio.

Su preocupación por la larga crisis nacional es manifestada recurrentemente, y antes que comenzara el presente siglo decía lo siguiente: "Muy pocos venezolanos están diseñando el país del futuro, y muy pocas organizaciones se han dedicado a encontrar sistemáticamente las soluciones a los más graves problemas de la nación con la mirada puesta en el nuevo siglo. Este es un problema mayor que aqueja a nuestro país desde hace varias décadas. La fantasía petrolera de los setenta, la crisis económic de los ochenta y la trampa de la frustración de los noventa nos han impedido ver como pueblo la importancia de desarrollar una visión de futuro. Como resultado, hoy Venezuela no cuenta con un proyecto nacional compartido, ni con los consensos básicos para construir una sociedad en crecimiento social, económico y moral"

Para la fecha, planteaba reflexiones acerca de a qué se tenía que enfrentar y sobre todo el reconocimiento de lo que se avizoraba en el futuro, tomando en consideración un reconocimiento del presente: "Debemos reconocer que Venezuela ya no es rica, sino lo contrario. Que ya no es "la democracia más progresista de América Latina", sino un país que pierde día a día un valioso terreno en el camino del progreso. Que se acabó la era de la renta petrolera, cuando pudimos vivir la ficción de ser una nación de pobres, pero con dinero en el bolsillo.

Y que está paralizada por sus querellas parroquiales y odios menores, postrada mientras el mundo sigue avanzando rápidamente y nos deja atrás". A partir del 2004 se incorporó de manera muy activa al ejercicio de la política de su país, llegando a ser incluso candidato a la gobernación del estado Vargas con su partido Venezuela de Primera.

Su opinión es escuchada con frecuencia por los medios de comunicación tradicionales y digitales, emitiendo sus pareceres acerca de los acontecimientos que ocurren desde la arena nacional como internacional, muchos de ellos tan acertados como controversiales.

Jonathan Coles

Aunque con todo respeto la edad no era precisamente una característica para considerarlo un "IESA Boy" (estaba pronto a cumplir 44 años en 1990, bastante joven aún) quizás era para el momento que fue designado Ministro de Agricultura y Cría por CAP II el funcionario con más vinculación con el Instituto de Estudios Superiores de Administración; además de ser egresado de la institución en la primera promoción de la Maestría en Administración de Empresas, había sido Profesor y posteriormente Presidente de la acreditada casa de estudios.

También proveniente de la empresa privada y contando siempre con una sonrisa permanente, Coles no logró tampoco capturar las simpatías de la clase política tradicional de entonces que veía con desconfianza a este hombre que venía, además de una fructífera carrera en el sector privado de la economía, con un título de Bachelor in Arts de la celebrada Universidad de Yale, con manejo fluido del idioma inglés, italiano y francés.

Desde el ministerio que le correspondió gerenciar, Jonathan Coles impulsó la reforma agrícola procurando desmantelar un sistema muy centralizado de intervención del Estado que obstaculizaba la mayoría de las transacciones que debían ocurrir en la red alimentaria logrando disminuir las barreras del comercio en un transcurso de tiempo inferior a los dos años.

Como se sabe, no fueron años fáciles para la realización de cambios radicales por el ambiente de turbulencia que se vivía en el país, pero la tenacidad de estos profesionales y un foco en los objetivos planteados los animaban a continuar.

Mientras el Dr. Miguel Rodríguez lucha enconadamente desde Cordiplan como Ministro de Estado para poner en orden el país económico, Coles hacía lo propio para que la Reforma Agrícola siguiera el curso que se había planificado.

El propósito fundamental era desentrañar las vías para modernizar el sector primario de la economía lo cual requería de mucha perseverancia en los esfuerzos para alcanzarlo, lo que hizo afirmar a Coles en un *paper* editado por CEDICE: "Solo los políticos, y un creciente número de clientes inescrupulosos y oportunistas, auténticas arañas a la caza de incautos se sentían cómodos en la telaraña agrícola"

Aún con la oposición inicial del propio Presidente Pérez, que quería excluir el tema agrícola de las reformas que se estaban realizando en otros sectores de interés nacional, Coles logró realizar muchos cambios que tenían la intención de hacer más transparente las actividades y los procesos relacionados con el agro. Sin embargo, el proceso de insistir para que se produjeran los cambios se caracterizó en toda su gestión al frente del Ministerio de Agricultura y Cría por ser una lucha desigual con un Goliat de múltiples cabezas alimentado por las prácticas del pasado.

Fue un periodo ministerial problemático hasta los límites, con innumerables expresiones de resistencia a los cambios propuestos para aliviar económicamente al Estado de las responsabilidades comerciales derivadas de la actividad agrícola.

A pesar de ello Coles observó, en perspectiva, la experiencia con optimismo: "Con tanto ruido, es difícil decir hasta qué punto se captó el mensaje. Un resultado feliz de la controversia es el mayor nivel de atención que estos conflictos generaron"

Luego de su experiencia como Ministro, por mucho tiempo Coles se reincorporó a la actividad privada. Fue CEO y Chairman de la empresa Mavesa SA, posteriormente Director de SCJhonson, Presidente para Latinoamérica de AES Corporation, Director de Mercantil Servicios Financieros y en los últimos años Director de C.A. Ron Santa Teresa.

Fernando Martinez Mottola

Aunque en apariencia su trayectoria profesional lo vincula más directamente al mundo de la ingeniería, la gestión pública y la modernización institucional, Fernando Martínez Mottola comparte con los llamados "IESA Boys" –por biografía, por espíritu y por época– esa caracterización de venezolanos jóvenes, brillantes, formados en la excelencia académica y que aceptaron el desafío del servicio público en uno de los períodos más convulsos de la historia contemporánea del país. Su identidad profesional no proviene necesariamente de haber sido docente o estudiante del IESA, sino de su participación directa en el gabinete de CAP II, de su afinidad con los enfoques tecnocráticos de gestión, y de haber formado parte de esa generación que entendió que el Estado debía modernizarse para poder sostenerse. Sobre todo, comparte con ellos la vocación por estudiar, comprender y transformar las estructuras institucionales que, en ese momento, comenzaban a mostrar grietas profundas.

Martínez Mottola nació en 1954 y se formó como ingeniero en la Universidad Simón Bolívar, una institución que –como en el caso de Smith– supo atraer a algunos de los talentos más rigurosos del país. De hecho, la USB lo reconocería años después como uno de sus egresados más notables. Su paso por la universidad estuvo marcado por una mezcla de disciplina técnica y sensibilidad organizacional, elementos que lo acompañarían en su carrera. Aquella rigurosidad académica lo condujo a especializarse en temas de infraestructura, telecomunicaciones y sistemas públicos, una combinación que, sin buscarlo, lo preparó para asumir responsabilidades de enorme escala.

Antes de llegar al gabinete de Carlos Andrés Pérez, Fernando Martínez Mottola había acumulado una trayectoria técnica sólida en empresas del Estado y en organismos vinculados a obras públicas. Sin embargo, sería en 1990, cuando asumió la presidencia de CANTV, que su nombre alcanzó visibilidad nacional. Su gestión se dio en medio del intento más serio de modernización del aparato estatal venezolano en décadas, y desde allí impulsó el proceso de apertura y privatización parcial de la empresa, concretado en 1991. Quienes documentaron aquella negociación destacan que Martínez Mottola actuó como puente entre el sector privado, el Poder Ejecutivo y los equipos técnicos del Estado, en un momento en el que Venezuela empezaba a aceptar –a veces con incomodidad– que los servicios públicos requerían más profesionalización que consignas ideológicas.

Para él, la privatización no era una moda importada, sino una necesidad estructural. "El Estado no puede seguir siendo un administrador ineficiente de servicios que requieren inversión, innovación y velocidad", dijo en entrevistas de la época, una frase que resumía su lectura del país y que, vista en retrospectiva, parecía anticipar las enormes dificultades que vendrían cuando Venezuela retrocedió hacia un esquema de mayor estatización. Desde su perspectiva, modernizar telecomunicaciones era modernizar capacidades, y modernizar capacidades era fortalecer ciudadanía, productividad y futuro. En ese sentido, su visión técnica estuvo siempre unida a un diagnóstico más amplio: el país no podía seguir funcionando como un conglomerado de instituciones desgastadas que sobrevivían por inercia.

Su paso por CANTV lo proyectó al gabinete ministerial. En enero de 1992, Martínez Mottola fue designado Ministro de Transporte y Comunicaciones, un cargo que asumiría en medio de la turbulencia política que caracterizó los últimos años del gobierno de CAP II. Su llegada al ministerio representó la consolidación de una generación de profesionales que, al igual que Smith, Ricardo Hausmann, Moisés Naím y otros, estaba convencida de que la tecnocracia, la planificación y la evaluación rigurosa de políticas eran herramientas indispensables para rescatar al país del estancamiento. Su edad –apenas unos treinta y siete años– contrastaba con la dimensión de retos que enfrentaba, pero también lo alineaba con esa atmósfera de renovación administrativa que intentaba romper con décadas de prácticas burocráticas caducas.

Durante su gestión, Martínez Mottola impulsó reformas y abordó problemas críticos del transporte y la infraestructura. En un contexto donde Caracas ya mostraba signos de colapso urbano, habló abiertamente de la incapacidad del Estado para sostener un sistema vial que se deterioraba a un ritmo alarmante. Sus declaraciones sobre la "Mancha Negra", ese residuo viscoso que aparecía en las vías capitalinas y se convirtió en símbolo del deterioro urbano, reflejaban no solo su preocupación técnica sino también su frustración con la falta de planificación estructural del país. Aquellas afirmaciones, a veces controversiales, formaban parte de un discurso que insistía en que los problemas no se resolvían con silencios ni con excusas, sino con responsabilidad y decisiones difíciles.

Pero quizás donde su perfil se asemeja más a los tecnócratas de la época es en su lectura de la crisis venezolana. A diferencia de muchos actores políticos tradicionales, Martínez Mottola entendía el deterioro como un fenómeno acumulativo, no como una fatalidad repentina. "No podemos seguir ignorando esta realidad: Venezuela no está avanzando, y si no asumimos el costo de modernizar, de ordenar, de construir instituciones fuertes, el país se nos va a ir de las manos", declaró en una entrevista a principios de los años noventa. Su insistencia en la idea del "costo de la modernización" lo ubicaba dentro de una corriente de pensamiento que buscaba romper con el paradigma de la renta infinita.

Ese enfoque tecnocrático –que a veces era visto con recelo en sectores de la población– también explicaría parcialmente la brecha simbólica frente a otros actores políticos del período. A diferencia de los militares, investidos de una épica heroica que el imaginario popular asociaba con sacrificio, patria y orden, figuras como Martínez Mottola, Smith o Hausmann representaban la legitimidad del mérito académico y la excelencia profesional. Aunque valiosa y necesaria, esta legitimidad no siempre conectaba emocionalmente con sectores cuya relación con el Estado había sido mediada por la narrativa del héroe militar, el hombre fuerte o el protector. Esa distancia simbólica sería un elemento que más tarde contribuiría a la crisis política y al ascenso de discursos anti-tecnocráticos.

Tras su paso por el ministerio, Martínez Mottola continuó trabajando en el ámbito público, como asesor y como interlocutor en temas de infraestructura y comunicaciones. Su tono, con los años, se volvió más crítico, especialmente frente al deterioro institucional acelerado desde finales de los noventa. Desde el exilio y luego desde la oposición, insistió en la importancia de recuperar la independencia de los poderes públicos, restituir mecanismos de control y garantizar transparencia. En diversas entrevistas y declaraciones, hacía hincapié en la necesidad de restablecer las reglas básicas de convivencia democrática: "Sin instituciones fuertes no hay desarrollo posible. Sin Estado de derecho no hay inversión, no hay futuro. Y lo que hemos visto en Venezuela no es un accidente: es el resultado de haber desmontado, pieza por pieza, el sistema de controles que nos protegía como sociedad".

Hacia los últimos años de su vida, su nombre volvió a la escena pública en medio de tensiones políticas y acusaciones cruzadas. Sin embargo, más allá de esa circunstancia, su legado como funcionario se mantiene asociado a la modernización administrativa, al impulso de reformas difíciles y a la convicción de que Venezuela necesita un proyecto de país con visión de largo plazo. Sus reflexiones finales fueron, de hecho, coherentes con lo que había dicho desde sus inicios: que la crisis no era solo económica, sino ética, institucional y, sobre todo, política. Y que, sin enfrentar esos pilares deteriorados, cualquier intento de reconstrucción sería apenas un parche.

LA GRAN CONSPIRACIÓN

Aunque sabemos que una conspiración es un acuerdo tejido en las sombras entre personajes que tienen como propósito derrumbar el poder instituido, y no existen evidencias concretas de que los elementos intervinientes en la propagación y agitación de la crisis que sacudió al país en los primeros años de la década de los noventa se hayan en algún momento reunido físicamente para acordar o coordinar acciones para acabar con el gobierno constitucional de CAP II, no se puede negar que existió una trama de intriga que tuvo como resultado la defenestración del político oriundo del pueblo venezolano de Rubio.

Lo anterior se llevó las posibilidades de que se concretaran las reformas iniciadas por sus ministros que vieron truncadas las posibilidades de llegar a los resultados que beneficiarían realmente a la sociedad venezolana. Ya en el Congreso de la República la lucha para la aprobación de las reformas era encarnizada, pero en términos más o menos civilizados. Pero esa guerra, en la "calle" iba a ser otra cosa.

Sin lugar a duda que a los "IESA Boys" se les dificultó desde el principio la labor que se habían planteado para lograr las reformas que el país, sin saberlo, reclamaba. Recibieron críticas irresponsables de todos los sectores de la vida nacional que los veían como blanco fácil quizás por la inexperiencia en "política real" de la mayoría de ellos.

Además de eso, en el Congreso demoraban la aprobación las leyes de crédito público necesarias para la ejecución de propuestas como el Plan de Empleo que estaba previsto que arrancara para el mes de abril de 1989 con los recursos provenientes de los organismos multilaterales pero que no se ejecutaban por la sospechosa negativa de las diferentes fracciones parlamentarias para aprobarlo.

Desde su designación fueron llamados "tecnócratas" pero de una forma peyorativa para amilanar sus motivaciones y las razones por las cuales se encontraban para realizar el trabajo que su conciencia y sus competencias profesionales les permitía acometer. Fueron llamados neo-liberales sin fundamentos teóricos ni técnicos para sustentar tal afirmación y se les acusó en la opinión pública por medio de una matriz comunicacional que ha tenido repercusión hasta nuestros días que fueron los causantes indirectos del estallido social conocido como "el caracazo", lamentables acontecimientos que dejaron un saldo espantoso en la sociedad, registrado en los anales de la historia contemporánea.

Lo que se conoce en ciencias de la comunicación como "constructores de matrices de opinión" utilizaron todos los recursos necesarios para vincular los acontecimientos del "caracazo" con el anuncio de las medidas económicas por parte del poder ejecutivo. Si bien para muchos analistas del acontecer político contemporáneo fue un error del entonces candidato Pérez el realizar una campaña electoral enfocada en una falsa ilusión (haciéndole creer al electorado que volverían con él los tiempos de bonanza) y luego anunciar que "había que apretarse el cinturón" lo que generó decepción entre quienes le depositaron su confianza, existieron dos factores que hacen dudar del argumento que acusa al anuncio de las medidas como detonador de los acontecimientos de febrero del 89.

Si bien para muchos analistas del acontecer político contemporáneo fue un error del entonces candidato Pérez el realizar una campaña electoral enfocada en una falsa ilusión (haciéndole creer al electorado que volverían con él los tiempos de bonanza) y luego anunciar que "había que apretarse el cinturón" lo que generó decepción entre quienes le depositaron su confianza, existieron dos factores que hacen dudar del argumento que acusa al anuncio de las medidas como detonador de los acontecimientos de febrero del 89.

El primer factor es el tiempo, ya que los anuncios se realizaron tan solo un poco antes de los acontecimientos, sin espacio temporal suficiente para que la población procesara la información, mediante análisis y evaluación de acciones. El segundo factor expresado fue en términos comunicacionales la compleja nomenclatura que se usó para describir lo que en jerga económica se iba a hacer. Ajuste de la balanza de pagos, desequilibrio fiscal, reestructuración de la deuda externa, estabilización macroeconómica, impuesto al valor agregado, fueron algunas de las palabras que se utilizaron para explicar los cambios que se realizarían en el área económica; y sin ánimos de desestimar la capacidad de comprensión de la población de ese entonces, entender ese lenguaje técnico requiere al menos de explicaciones que no se realizan con la poca exposición en los medios que tenía el gobierno en ese entonces.

De cualquier forma, sobre ese tema habría que hacer un análisis más profundo. Por los intereses creados en el momento que sucedieron los acontecimientos y contando con un respaldo mediático importante tanto en espacios audio visuales como en la prensa, se avasalló al equipo ministerial del presidente con responsabilidades derivadas del conjunto de medidas que llamaron "el paquetazo". Es poco sabido que se haya realizado una acusación formal ante los organismos competentes donde se presentaran evidencias que pudiesen comprometer a alguna persona en particular. De hecho, en una entrevista con el conocido periodista Napoleón Bravo, Miguel Rodríguez Fandeo se defiende de los comentarios que atribuyen las protestas del 27 y 28 de febrero de 1989 a la implantación de las medidas económicas. Rodríguez (2019) comenta: "...todo el mundo dice...en medio de una absoluta locura que (el caracazo) tiene que ver con el programa económico de Carlos Andrés Pérez...si el 27 de febrero fue a los 25 días de la toma de posesión del presidente...fue un soberano disparate...y sobre con eso se montaron para hacerle oposición...para decir que era un paquete neoliberal etc, etc...siendo el programa más gradual de todos los de ajuste que se hicieron en América Latina ".

De igual manera que el economista niega que las medidas sean de corte neoliberal ya que su orientación es keynesiana, contraria a las doctrinas que se le asignan ideológicamente.

Para el economista, la explosión social ocurrió a partir del incumplimiento de los transportistas que trasladaban pasajeros de Guarenas a Caracas de los acuerdos generales de aumento de pasaje progresivo y su decisión inconsulta de incrementarlo en un 100% lo que desencadenó en una serie de protestas que fueron escalando de manera orgánica y acelerada hasta convertirse en una situación que se salió de todo tipo de control.

El Dr. Gerver Torres, otro de los protagonistas de la escenaeconómica y por ende política de ese momento también tiene una opinión al respecto, en una entrevista realizada en 2018 por el periodista Rafal Fernández Rivero donde comentó: "Yo creo que, de alguna manera, el Caracazo fue una expresión del país posible en el sentido que había mayores libertades. Era un país sentía menos temor de salir a la calle y expresarse y también de cometer actos violentos como lo que se cometieron, de saqueos, de destrucción, etcétera. Pero lo que hoy impide eso es la presencia de un Estado, en un gobierno totalitario, que tiene en la represión un arma fundamental para sus sostenibilidades." Y agregó: "Las condiciones que tiene el país no solamente son peores a las que tenía en 1989, sino que son las más graves de la historia republicana Similares a la Guerra Federal o incluso a las de la Guerra de la Independencia. No hay nada equivalente a lo que estamos viviendo hoy"

Regresando a los inicios del gobierno de CAP II hay que recordar que en toda ese serie de obstáculos y dificultades para la aplicación del programa de ajustes existió algo innegable: la feroz e implacable intención de acabar con la carrera política de Carlos Andrés Pérez, para lo cual se "reúnen" las fuerzas más diversas e incompatibles ideológicamente que unieron (quizás sin congregarse físicamente nunca) esfuerzos en una especie de sinergia diabólica que no descansaba desde sus diferentes puntos de ataque, muchos de ellos casi invisibles para el político venezolano que no veía con claridad (por la cantidad) quienes enviaban sus dardos para afectar su consistencia política y como efecto colateral a las propuestas económicas representadas por su acción de gobierno.

Una de esas fuerzas, de las cuales la defensa del gobierno fue muy débil, estuvo representada por un grupo de intelectuales venezolanos de gran prestigio que de una u otra manera se habían enfrentado con CAP en el pasado y tenían algún asunto por resolver con él. Algún medio de comunicación los bautizó como "Los Notables" y es que entre sus filas se encontraban personalidades de la vida pública con trayectorias destacadas en diferentes campos del acontecer nacional.

Al respecto, vale la pena resaltar un aspecto importante y que tiene que ver mucho con los propósitos del contenido de este libro: la intelectualidad tiene una potencia superior a la fuerza bruta, incluyendo las armas. La lucha armada de los años 60 y 70 en Venezuela apenas hizo mella en la institucionalidad del país y la aparición de estos intelectuales contribuyó de manera significativa a la caída del gobierno de CAP II a fuerza de argumentos y prestigio.

La cabeza más representativa de los "Los Notables" era Arturo Uslar Pietri, un intelectual venezolano que había destacado de forma avasallante en la literatura, galardonado alrededor del mundo por su pluma privilegiada, pero con poca suerte en la política de la cual siempre estaría atento desde sus inicios como parte del gabinete ministerial de Isaías Medina Angarita. Es considerado una especie de patrimonio intelectual por parte de los venezolanos con una credibilidad a toda prueba; con su programa televisivo "Valores

Humanos" se ganó el respeto de una generación que desconocía su lado político y el cordial enojo que en el también historiador le había producido la llamada "revolución de octubre" que interrumpió la gestión del Presidente Medina Angarita.

En una entrevista concedida a Marcel Granier en su programa Primer Plano, Uslar Pietri denominó a los venezolanos víctimas de la crisis como los "pendejos" y de allí las convocatorias a las marchas se fueron convirtiendo en una expresión de descontento que iba de poco a poco hiriendo los tejidos más finos del gobierno de CAP incluyendo a la posibilidad que se pudieran realizar los cambios necesarios para modernizar el Estado.

Intelectuales con el prestigio de Ernesto Mayz Vallenilla, José Antonio Cova, Juan Liscano, Miguel Ángel Burelli Rivas, Alfredo Boulton, Domingo Maza Zavala, Jacinto Convit, Alfonzo Ravard entre otras destacadas personalidades entre los que se vinculaban Rafael Caldera y Ramón Escovar Salom se presentaron en el escenario político con una sola y estruendosa voz para exigir el restablecimiento del "orden constitucional" y terminaron pidiendo la renuncia irrevocable del presidente. Entrevistas tanto en la televisión y en la radio, así como la presencia activa de artículos de opinión con sus firmas, empezaron a influenciar a la sociedad de la necesidad de un cambio de gobierno antes que el periodo oficial culminara. Lo anterior fue impactando en la opinión gente que no entendía de cifras ni de indicadores macroeconómicos sino de sobrevivir en una economía a la que no se le palpaba aún los beneficios de las tan criticadas medidas.

A lo anterior se le unió un alzamiento militar de jóvenes militares que ante el clima de desestabilidad que se respiraba en el país aprovecharon para hacer un acto de insurgencia contra del poder constitucionalmente establecido la noche del 4 de febrero de 1992.

Sin que se pudieran cumplir los objetivos que los militares se plantearon "por ahora", la intentona golpista que no tuvo el apoyo popular esperado sirvió como trampolín a la fama de los que intervinieron en ella, especialmente para el teniente coronel que comando las acciones en Caracas.

Mientras tanto, en la política venezolana la izquierda apoyó abiertamente la acción militar y en los partidos tradicionales solo se escucharon algunas voces solitarias condenándolo. El hasta entonces señorial ex-presidente Caldera justificó la acción en un sorpresivo discurso en el Congreso que le dio un segundo aire a su carrera política y lo catapultó para sus aspiraciones de acceder por segunda vez a la presidencia.

A todo lo anterior se le añadió un programa diario de altísima sintonía emitido por el canal de televisión más popular de la historia, que reforzaba con sus mensajes dramatizados, con el lenguaje sencillo de "por estas calles" la idea de un país en extrema crisis sumido en el caos por un sistema que tenía que urgentemente cambiarse. La telenovela, un género televisivo que en futuro desaparecería por otro tipo de crisis, "subió los cerros" y se hizo sentir como un elemento más de persuasión para que un gobierno acabara.

Era indudable que había una firme disposición y un acuerdo tácito acerca de la necesidad de destituir del poder a Carlos Andrés Pérez, que finalmente fue llevado juicio y hallado culpable de delitos relacionados con la partida secreta y posteriormente destituido de su cargo, lo que le hizo exclamar dramáticamente que "hubiera preferido otra muerte".

EL MILITARISMO COMO OBSTÁCULO

Muchos venezolanos desde niños ansían convertirse en militares. El uniforme impecable, los símbolos y el significado de formar parte de esa mancomunidad armada es una emoción singular similar a la fiebre. Siempre se trata de justificar racionalmente la "necesidad" de incorporarse a alguno de los componentes, pero en realidad es una decisión emocional. Como decía Maturana, palabras más, palabras menos, "la razón solo es una justificación de la emoción"

Antes de que un militar, que encantó inicialmente a las masas ávidas de un "salvador", irrumpiera en la esfera pública venezolana, el país ya vivía bajo la influencia de una tradición militarista que había moldeado silenciosamente su identidad política. La crisis contemporánea no surgió en un vacío; emergió de una historia larga en la que los militares, más que simples funcionarios del Estado, fueron construidos culturalmente como figuras sagradas, heroicas y necesarias para la salvación de la nación. Esta estructura simbólica, analizada de forma magistral por el historiador cumanés Germán Carrera Damas en *El culto a Bolívar*, donde explica por qué el militarismo logró sobrevivir en Venezuela incluso durante los períodos de democracia civil.

Carrera Damas argumenta que la figura de Bolívar fue convertida en un eje casi religioso de la identidad nacional. El Libertador no solo fue exaltado como héroe fundador: se transformó en un modelo moral y político que otorgó a los uniformados un aura heredada de legitimidad natural. La historia patria, enseñada como un catecismo cívico, no solo relataba la independencia: legitimaba la idea de que los destinos del país pertenecían al guerrero. Esta sacralización de la figura militar no desapareció con la modernidad; se reacomodó. En lugar de ejércitos libertadores, surgieron fuerzas armadas que reclamaban para sí la continuidad de ese linaje heroico.

El destacado sociólogo Tulio Hernández, en múltiples análisis y entrevistas, ha insistido en que la crisis venezolana es inseparable de la relación desigual entre la sociedad civil y la institución militar. Para él, la figura del militar en Venezuela siempre estuvo revestida de atributos simbólicos que lo colocaron por encima de la ciudadanía común: héroe, protector, salvador. Ese imaginario se alimentó durante décadas hasta volverse una forma de mitología política.

La retórica heroica, la exaltación del sacrificio bélico y el mito del guerrero desinteresado funcionaron como pilares silenciosos que, en la modernidad petrolera, facilitaron que los uniformados conservaran un prestigio simbólico difícil de disputar. Mientras las instituciones civiles enfrentaban corrupción, ineficiencia o descrédito, la Fuerza Armada se mantenía amparada por el brillo del pasado independentista. Esta simetría desigual alimentó un sentimiento social latente: cuando todo falle, será el ejército el que "salve" la nación.

Esta narrativa contribuyó a que la sociedad venezolana, incluso en tiempos de prosperidad petrolera, mantuviera una especie de reverencia emocional hacia la institución castrense. Aunque la democracia posterior a 1958 intentó fortalecer el poder civil, lo hizo sin desmontar la estructura simbólica que colocaba al militar por encima del ciudadano común. Los gobiernos democráticos, temerosos de revivir los ciclos de golpes de Estado que asolaron Latinoamérica durante el siglo XX, otorgaron a las Fuerzas Armadas cuotas de autonomía que, con el tiempo, se convirtieron en una presencia permanente y silenciosa dentro del aparato estatal.

Esa presencia no siempre fue visible, pero sí influyente. La sociedad venezolana, al igual que muchos países latinoamericanos descritos por pensadores como Alain Rouquié, convivía con lo que podríamos llamar un "militarismo latente": una institucionalidad democrática que nunca terminó de controlar completamente a los militares, ni en lo administrativo ni en lo simbólico. El imaginario colectivo seguía viendo en el uniforme un símbolo de honor, entrega y autoridad moral. Ninguna figura civil —ni presidente, ni intelectual, ni tecnócrata— podía competir con ese peso histórico.

Este punto es crucial para entender la incomodidad social y política que generaron los "IESA Boys". Eran profesionales brillantes, modernos, formados para liderar procesos de reforma económica en medio de una crisis estructural. Sin embargo, carecían de algo que el imaginario venezolano llevaba dos siglos valorando: la investidura heroica asociada a lo militar.

Los "tecnócratas" del IESA, con su perfil académico y su discurso racional, chocaban frontalmente con un país acostumbrado a depositar su confianza en figuras fuertes, carismáticas y dotadas de una legitimidad casi mítica. La protesta popular de finales de los años ochenta no fue solo económica: también fue simbólica. La figura del *Yuppie* aparecía, para muchos, como ajena, elitista y "fría", incapaz de representar el espíritu de la nación. Frente a ellos, la figura del militar —aunque ausente en términos de gobierno— seguía anclada en el imaginario como un referente de autoridad "auténtica".

Es allí donde se observa con claridad la vigencia del culto heroico analizado por Carrera Damas. Mientras los muchachos del IESA representaban modernidad, cálculo, eficiencia y una racionalidad importada, el militar encarnaba el mito nacional, el pasado glorioso, la épica colectiva. No sorprende que cuando el "salvador" apareció en televisión el 4 de febrero de 1992, derrotado pero erguido, su breve frase "por ahora" conectara con esa memoria emocional profunda. Su figura no fue la de un golpista común: fue la de un heredero simbólico de un linaje militar que la cultura venezolana había mantenido vivo.

Antes de eso, el país ya estaba preparado —culturalmente, emocionalmente, simbólicamente— para considerar al militar como una alternativa legítima frente al fracaso de las élites civiles, escuchandóse frecuentemente la frase "aquí lo que hace falta es un militar". Este fenómeno no era exclusivamente venezolano; América Latina en su conjunto arrastraba esquemas similares. Desde México hasta Argentina, numerosos autores han mostrado cómo la debilidad institucional y la glorificación del heroísmo armado permitieron que los militares intervinieran una y otra vez en la vida política. Venezuela, pese a su estabilidad democrática entre 1958 y 1998, nunca se libró del todo de ese destino compartido: el mito del guerrero protector nunca desapareció, simplemente pasó a un plano menos visible.

El "gobierno de los técnicos" no tuvo posibilidad de competir con esa carga histórica. Mientras se proponían reformas, cifras, modelos, ajustes y políticas orientadas a corregir desequilibrios estructurales, la sociedad buscaba respuestas simbólicas profundas: un guía, un protector, un líder que encarnara el espíritu nacional. La racionalidad tecnocrática terminó pareciendo frialdad. La reforma económica se interpretó como imposición. Y el imaginario heroico, que nunca había sido desmontado, resurgió con fuerza. Chávez no inventó su personaje: lo reactivó. Y lo hizo en un terreno fértil, donde los civiles —incluso los más capacitados— nunca habían logrado construir un lugar simbólico equivalente.

Vista desde esta perspectiva, la crisis venezolana, como ya lo hemos comentado, no solo comienza en 1998, sino en un conflicto más viejo: la incapacidad de la historia republicana para construir una cultura política plenamente civil. El militarismo sobrevivió transformándose en un mito de identidad nacional. Los civiles, incluso cuando intentaron modernizar el país, no lograron reemplazar ese mito por uno nuevo. Carrera Damas advirtió que mientras el culto a Bolívar siguiera reproduciendo una visión sagrada del héroe militar, la sociedad venezolana seguiría expuesta a la tentación de buscar en el uniforme la solución de sus crisis.

Hoy, al revisar ese pasado, se hace evidente que la crisis actual es consecuencia de esa genealogía. Chávez fue el producto más visible, pero no el origen. Mientras la sociedad venezolana no logre reemplazar la épica militarista por una ética ciudadana moderna, seguirá oscilando entre tecnocracias sin arraigo simbólico y liderazgos armados con un exceso de legitimidad emocional. Ese es el desafío pendiente: desmontar un imaginario que lleva dos siglos idealizando a los héroes de uniforme y construir, en su lugar, una cultura donde la autoridad provenga de la ciudadanía y no de la guerra.

LECCIONES NO APRENDIDAS

No cabe la menor duda, que toda esa época de extrema turbulencia (con libertad) tuvo que haber dejado unas lecciones…¿aprendidas? Eso sí está en duda porque evidencias de poco aprendizaje hay muchas, por ejemplo, seguimos escuchando a mucha gente todavía responsabilizar al conjunto de medidas económicas como el detonador del "caracazo", se sigue creyendo en el Estado como el gran "protector" de los ciudadanos y confiando en políticas populistas y se sigue esperando por un gran "mesías" que llegue a resolver las crisis sucesivas que han afectado y seguirán conmoviendo al país.

Cabe destacar que los científicos sociales que estudian el fenómeno del aprendizaje han señalado a través de sus investigaciones que el aprender se produce esencialmente por medio de dos vías: uno de los caminos consiste en ir estableciendo unos objetivos de acuerdo con un previo diagnostico que permita detectar los requerimientos en determinado contexto y la otra vía (más dura y más costosa) es la que se consigue el aprendizaje través del error o una sucesión de ellos.

Quién puede ahora negar que fueron muchos los errores que se cometieron en esos momentos históricos en el que se venía con la intención de derribar las oxidadas estructuras que permitían la configuración de un país que afianzaba su idiosincrática tendencia de vivir sin planificar, aprovechándose de un Estado benefactor que no estimulaba en lo absoluto la innovación ni la construcción de ideas y acciones que permitieran un verdadero crecimiento.

Uno de los principales errores fue lo que sus asesores electorales consideraron en su oportunidad una fortaleza del candidato: la imagen de Carlos Andrés Pérez como el portador de la bonanza petrolera que como alquimista convertiría la madera en oro. Sus estrategas electorales en una estrategia de corto plazo amplificaron el perfil mesiánico del aspirante, con el propósito de que la población lo asociara como el gran salvador y recuperador de la país con características "sauditas". Que solamente con su carisma haría posible la vuelta a los mejores tiempos de la "Gran Venezuela".

La campaña electoral estuvo vacía en contenido y sus mensajes eran precarios en cuanto a la información que se necesitaba para que la población no sufriera la decepción de despertar del breve sueño electoral que le prometía, sin necesidad de hacerlo explícitamente, un país que no volvería jamás. Muchos expertos consideran que pudo, con la popularidad que contaba el candidato, aprovecharse para emitir un mensaje más orientado a la toma de conciencia y a la necesidad imperiosa de un cambio. Que preparase a los venezolanos para tiempos difíciles, pero con altas posibilidades de recuperación mediante la confianza en un equipo bien preparado para lograr la tan requerida transformación.

Lo mismo podría decirse del programa de ajustes. No se contó con un verdadero plan de comunicación que permitiera informarles a los venezolanos del alcance de dicho programa, siendo una sorpresa mayúscula su anuncio que si contó con las respuestas inmediatas de los adversarios de la propuesta que a la mañana siguiente lo titularon como el "paquetazo". Dicen los especialistas que un plan de comunicación bien orquestado, no solamente dirigido a organismos del estado o empresas privadas, sino a líderes de opinión y al grueso de la población con mensajes lingüísticamente adecuados para cada sector hubiese colaborado a mitigar el desastre característico de la opinión pública de entonces.

Sin embargo, muchos de esos errores aún no se reconocen. Todavía se caracteriza en algunas escuelas de comunicación y de publicidad de universidades e institutos universitarios privados del país a la campaña electoral de CAP II como una de las más exitosas de la historia de las elecciones libres en Venezuela. No se toma en consideración lo que sucedió después, porque la analizan como un hecho aislado, con un principio y un fin determinado por el inicio y el cierre de campaña, sin considerar que luego de eso ocurre una continuidad que va a determinar el verdadero logro y es que se cumplan las promesas o las peticiones de sus electores.

Una campaña electoral no solamente son sus "jingles" o el impacto de unas chaquetas de Scutaro, ni la cantidad de personas que asisten a un mitin, ni el acierto de contratar a uno de los artistas más populares del momento. Es la estructuración de un mensaje que permita movilizar el pensamiento y las emociones de los electores a tomar una decisión favorable al candidato con argumentos que influyan en su opinión *aun después de la elección.*

Tampoco se reconoce la falta de divulgación adecuada del plan de ajustes. Se ha increpado de eso a algunos de los protagonistas y han señalado que ellos si explicaron lo suficiente de que se trataba el programa y los alcances que su aplicación traería. Pero los resultados desastrosos con relación a la opinión publica indican que no se realizó el trabajo comunicacional que necesitaba ese programa por sus características disruptivas.

Una estrategia de comunicación que requería la planificación de una plataforma comunicacional que no se remitiera únicamente a los tradicionales medios de comunicación con la radio, la prensa escrita y la televisión, sino acorde con la innovadora característica del plan de ajustes también se acompasara con elementos estratégicos que incluyeran enlaces con los diferentes sectores ya mencionados que apoyaran los mensajes institucionales claros, concretos y concisos orientados a explicar, aclarar y posicionar una narrativa potenciadora que invitara a la transformación consciente.

Lo anterior no ocurrió y el plan de ajustes hasta hoy lo siguen vilipendiando, tanto a su contenido como a sus gestores, aún cuando está más que demostrado por la vía de los hechos que lo que se ha propuesto después en materia económica hasido catastrófico en todos los sentidos para el país.

Gerver Torres es uno de los que ha expresado "mea culpa" acerca de las lecciones por aprender, cuando afirma: "Uno de los errores que no podemos repetir es que no aprovechemos la crisis en su total profundidad. Eso nos obliga a que aprendamos todas las lecciones de la crisis y que hagamos todas las reformas que la crisis nos obliga a hacer. Por ejemplo, el financiamiento, a través de una renta petrolera, de un aparato público estatal ineficiente y corrupto, ya no es posible."

CONSECUENCIAS: LA CULTURA MALANDRA

Para algunos, muchas cosas en Venezuela hubiesen cambiado si las propuestas de los IESA Boys hubieran prosperado. En condiciones económicas favorables probablemente también era más fértil el terreno para la inversión en educación y el respeto a los procesos y resultados provenientes de ella.

La construcción de una narrativa orientada a destruir la reputación de los profesionales que pretendían cambiar al país posiblemente tuvo un efecto que disolvia el valor del merito y la orientación a los estudios y el trabajo para exaltar progresivamente la viveza criolla hasta rozar el valor de un lenguaje y una forma de ser y comportarse que se ha denominado como "malandra"

En los últimos años, se ha popularizado el término "cultura malandra" en Venezuela para describir un fenómeno social donde la exaltación de la delincuencia, la falta de normas y el desprecio por la educación han permeado una parte del gentilicio venezolano. Este fenómeno, impulsado principalmente por las redes sociales, ha creado una identidad basada en la astucia para el engaño y la supervivencia al margen de la ley. La ausencia de una política educativa sólida y la negligencia en la transmisión de valores han permitido que esta cultura prospere, afectando el tejido social de la nación.

La crisis económica y política que ha golpeado a Venezuela en las últimas décadas ha generado un entorno propicio para la expansión de la esa "cultura malandra". La precariedad del sistema educativo y la falta de incentivos para el desarrollo personal han llevado a que muchas personas vean en la criminalidad una forma legítima de ascenso social. Además, la difusión de esta cultura a través de redes sociales y medios digitales ha consolidado una imagen aspiracional de la delincuencia, donde los símbolos de poder ya no provienen del esfuerzo o la educación, sino del dinero rápido y la violencia.

Otro factor clave en la propagación de esta cultura ha sido la resistencia de la clase política a los cambios estructurales que pudieran haber modificado el rumbo del país. Las propuestas de modernización y transformación económica impulsadas por los llamados 'IESA Boys', fueron en gran parte rechazadas o minimizadas por la dirigencia política tradicional. La negativa a aplicar reformas que promovieran la diversificación económica y la meritocracia dejó un vacío que fue llenado por la cultura del oportunismo y la informalidad como modos de vida predominantes.

El concepto de "sociedad líquida" desarrollado por Zygmunt Bauman ayuda a entender cómo la fragilidad de las instituciones y la constante transformación de los valores han contribuido a la consolidación de la 'cultura malandra'. En una sociedad donde las estructuras sólidas se han desmoronado, la estabilidad y el sentido de comunidad se han visto sustituidos por individualismo extremo y la búsqueda de satisfacción inmediata. La educación, tradicionalmente un pilar de movilidad social, ha sido desplazada por la lógica de la inmediatez y la astucia para la supervivencia.

Bauman describe cómo las sociedades modernas han perdido su estructura sólida y han pasado a un estado fluido, donde las reglas cambian constantemente y las personas buscan soluciones rápidas y de corto plazo. En Venezuela, esta mentalidad ha favorecido la proliferación de la informalidad, el irrespeto a las normas y el desprecio por las instituciones. La cultura del esfuerzo ha sido reemplazada por la búsqueda de atajos para el éxito, ya sea a través del crimen, el oportunismo o la corrupción.

Uno de los factores clave en la proliferación de esta cultura ha sido el liderazgo político corrupto, donde la "viveza criolla" se consolidó como un valor socialmente aceptado. Expresiones como "robar cuando se tiene hambre no es crimen", pronunciadas por figuras de alto rango en el poder, han legitimado la transgresión de normas como un mecanismo de resistencia y adaptación. Este tipo de discursos han contribuido a normalizar la corrupción y la falta de responsabilidad ciudadana, generando un círculo vicioso donde la impunidad y la falta de ética se convierten en patrones de conducta generalizados.

El rechazo a las reformas económicas y educativas de fondo ha permitido que este modelo de "viveza" siga predominando en el país. En lugar de incentivar una mentalidad orientada al desarrollo y la innovación, se promovió la cultura del clientelismo y la dependencia estatal. Esta mentalidad se extendió más allá de la política y penetró en la vida cotidiana, reforzando la idea de que el éxito no depende del mérito, sino de la capacidad para aprovecharse del sistema.

El impacto de la "cultura malandra" es profundo y multifacético. La desvalorización de la educación, el debilitamiento del tejido social y la creciente percepción de que el éxito no se alcanza mediante el mérito, sino a través de la astucia y el abuso del sistema, ponen en riesgo el futuro del país. Enfrentar este fenómeno requiere una reconstrucción de los valores fundamentales a través de la educación, políticas públicas efectivas y la promoción de liderazgos éticos que fomenten una cultura de esfuerzo y respeto por las normas. Es necesario replantear el modelo educativo, fortaleciendo la enseñanza de valores ciudadanos y promoviendo la meritocracia como un principio rector en todas las áreas de la sociedad. Además, se debe impulsar una cultura de legalidad y transparencia que rompa con el ciclo de corrupción y criminalidad que ha definido a una parte del país en las últimas décadas.

En conclusión, la "cultura malandra" es el resultado de un largo proceso de descomposición social donde la crisis educativa, la corrupción política y la disolución de valores han jugado un papel central. La resistencia al cambio y la falta de visión de la clase política han contribuido a perpetuar este modelo, impidiendo una transformación real que permita recuperar la confianza en un futuro basado en el mérito y la legalidad. La reconstrucción del tejido social venezolano solo será posible mediante un compromiso serio con la educación y el fortalecimiento de valores ciudadanos que permitan superar la mentalidad del atajo y construir una sociedad más justa y estructurada.

¿LOS HEREDEROS?

La mejor cosecha que se puede recoger en un país es el fruto de lo que señaló en su momento el visionario Alberto Adriani cuando se refería a su "siembra de petróleo": el talento natural es pero si se reduce al mínimo la posibilidad de que su potencial humano se desarrolle sería la expresión más humano. Y es que un país puede quizás darse el lujo de agotar sus recursos representativa (y lamentable) de un país realmente quebrado.

Los "IESA Boys" por su condición de formadores de las aulas del Instituto de Estudios Superiores en Administración han sido por naturaleza genérica dedicados mentores de otros líderes.

Y si bien es cierto que nunca presentaron formalmente a sus sucesores, los siguientes nombres aparecerán como sus "herederos" fundamentado en dos aspectos, que han sido considerados como criterios para su elección: la mención de su nombre por algunos de sus miembros como sus pupilos más sobresalientes y el trabajo cercano que realizaron en algun oportunidad de carácter académico tanto en las aulas del IESA como en alguna universidad fuera del país.

Solo se colocaron cuatro personas en esta selección para no incorporar a nadie con base en especulaciones, peroindudablemente que existen un sinnúmero de profesionales venezolanos destacados académica y profesionalmente que pudiesen estar perfectamente allí. Solo esperamos que gente preparada bajo los estándares de la excelencia académica, con una exitosa experiencia profesional que mostrar y con un enfoque claro y determinado demostrado a lo largo de sus carreras pudiesen colaborar nuevamente con ese perfil para forjar con pie firme los destinos de nuestro políticamente desafortunado país.

Parte de esas personas son los siguientes:

Miguel Ángel Santos

Considerado por Miguel Rodríguez Fandeo como uno de sus alumnos más brillantes, Miguel Ángel Santos egresó de la Universidad Tecnológica del Centro como Licenciado en Administración de Empresas en 1993. Su inquietud por proseguir sus estudios a nivel de posgrado lo llevó a las aulas del Instituto de Estudios Superiores en Administración IESA a cursar el Master en Administración MBA que culminó exitosamente en 1995.

Posteriormente se traslada a Europa, donde empieza una Maestría en Ciencias Económicas, Mención Economía de América Latina en la Queen Mary University of London que culmina en 1997. Santos también cursó una Maestría en Análisis Económico Especializado Mención Finanzas Internacionales y Desarrollo y otra Maestría en Ciencias Económicas y Financieras, ambas en la Universidad Pompeu Fabra de España en los años 2011 y 2012 respectivamente. Finalizó una Maestría en Administración Pública MPA, en la Kennedy School of Goverment de la Universidad de Harvard en 2014 y un Doctorado en Economía PhD. en la Universidad de Barcelona a finales de 2016.

Su carrera profesional ha sido una combinación de responsabilidades gerenciales en el sector privado y compromisos en el área académica. Ha sido desde 1997 Profesor Adjunto del IESA y Profesor Agregado de Economía de la Universidad Católica Andrés Bello.

En el sector privado se ha desempeñado como Director de Finanzas Corporativas de la División Telecomunicaciones e Internet de la Organización Cisneros; Jefe de Finanzas Corporativas del Banco Mercantil y Vice-Presidente de Desarrollo de Negocios para Latinoamérica de Sony Pictures.

Cómo el mismo lo indica decidió darle un giro a su carrera y trabajar en temas de economía del desarrollo, incorporándose como lo hizo en su oportunidad Ricardo Haussman como Profesor a la Universidad de Harvard en el Centro para el Desarrollo Internacional de esta casa de estudios, donde ha participado desde entonces en proyectos de países como México, Jordania, Perú, Panamá y su propio país Venezuela.

Ha comentado sus consideraciones acerca de las posibilidades de recuperación económica de Venezuela y en un análisis pormenorizado de la crisis y sus posibles soluciones realizado en conjunto con Douglas Barrios en el 2017 y aparecido en el portal de noticias Prodavinci, concluye con lo siguiente: "Todos nuestros cálculos parten del supuesto de que Venezuela corrige el rumbo a partir de hoy (2017) e implementan un programa de reformas capaz de mantenerse en el tiempo. Ambossupuestos tienen dos implicaciones trascendentes: el primero subraya la urgencia de detener el deterioro. Mientras más tiempo transcurra, y más capacidad y conocimiento sea destruido, más cuesta arriba será la recuperación. El segundo resalta la importancia de generar un gran acuerdo nacional alrededor de la política económica y social, que haga posible no solo la adopción de reformas sino también le dé continuidad en el tiempo."

José Manuel Puente

Muy cercano al Profesor del IESA Dr. Asdrúbal Baptista, José Manuel Puente es un joven profesional egresado de la Universidad Central de Venezuela como Economista en 1994.

Posteriormente, su inquietud por formarse con los mejores lo hace trasladarse a la ciudad de Londres en Inglaterra donde obtiene un Master en Ciencias en The London School of Economics and

Political Sciences en 1997. En la prestigiosa Universidad de Oxford obtiene otro Master en Ciencias Políticas y Públicas en 1998 y alcanza el grado más alto en educación superior con el Doctorado en Filosofía (PhD) en Economía Política en la misma casa de estudios londinense.

Ya en Venezuela, en enero de 2001 ingresa a la plantilla de profesores del IESA donde se ubica adscrito a su Centro de Políticas Públicas. Ha sido consultor del Banco Interamericano de Desarrollo BID, del Banco Mundial BM, así como asesor de diferentes empresas e instituciones nacionales e internacionales.

Actualmente es Profesor de Economía en la Universidad de Oxford. En oportunidad de presentar en Casa de América en España una conferencia sobre las posibilidades de recuperación económica respondió: "Si puede...no tengo dudas, pero ciertamente hemos llegado aquí porque durante muchos años hemos hecho muchas cosas mal en materia económica, entonces tendríamos que pasar muchos años haciendo las cosas bien para que se pueda revertir la tendencia. Venezuela a pesar de la crisis sigue siendo una de las economías con mayor potencial de América Latina, tiene las reservas petroleras más grandes del mundo y tiene una cantidad de sectores alternativos como turismo, frutas tropicales, autopartes, material eléctrico a las cuales podríamos apostar. Serían motores alternativos de crecimiento que podría ayudar a construir una sociedad de progreso y equidad para todos. Y el potencial sigue estando allí, solo hace falta que los venezolanos finalmente tengamos el liderazgo correcto que implemente las opciones de política económica correctas para generar riqueza y bienestar para todos...Venezuela tiene que generar un cambio político, sin cambio político no habrá cambio económico, después de generar ese cambio político tiene que generar un gran consenso nacional y logra un acuerdo político para llevar a cabo un programa integral de reformas económicas"

Richard Obuchi

Obuchi es Economista egresado de la Universidad Católica Andrés Bello UCAB en 1995. Posee una Maestría en Políticas Públicas de la Universidad de Chicago y una Maestría en Gerencia Internacional de la Universidad de Tulane de donde egresó en el 2010. También ha cursado estudios de Doctorado en Administración de Empresas en la Universidad de Tulane con énfasis en estrategia.

En el ámbito académico se ha destacado como Profesor del IESA desde 1999 hasta la fecha en el Centro de Políticas Públicas y en la práctica privada el enfoque ha sido la consultoría en sus áreas de experticia como Socio- Director de ODH Grupo Consultor desde el año 2007. Su libro "Gestión en Rojo" explica las decisiones inadecuadas en la gerencia de la industria petrolera y las empresas públicas en los últimos años que hiciero que el Estado venezolano perdiera dinero.

En una entrevista con la periodista Mayela Armas realizada en el 2017, y a la pregunta de cómo se atenderían los sectores más vulnerables en un proceso de ajustes, respondió: "Si tienes una economía más grande se generan muchas oportunidades. Tienes que orientar los recursos en ayudar a las personas a superar esta transición mediante subsidios directos, programas de alimentación, programas para mejorar asistencia escolar. Acciones rápidas y contundentes. Con una economía sana habrá más dinero y posibilidades de inserción en los beneficioseconómicos. Una de las prioridades del gasto es evitar que los daños continúen".

Ricardo Villasmil

Ricardo Villasmil es un Ingeniero Agrónomo egresado de la Universidad Central de Venezuela con una Maestría en Políticas Públicas del IESA que culminó en 1993. En su formación académica multidisciplinaria también se encuentra el haber obtenido una Maestría en Historia de Venezuela de la Universidad Católica Andrés Bello UCAB. Posee un Doctorado en Economía de la Universidad Texas A&M en los Estados Unidos.

En el aspecto académico es Profesor del IESA y también incorporado a la Universidad de Harvard en el Centro para el Desarrollo Internacional en la división del Laboratorio para el Crecimiento trabajando en más de una decena de países en vías de desarrollo.

En cuanto a su experiencia profesional se ha enfocado en el área de consultoría como Director de ACCS Consultores y sus opiniones las expresa con frecuencia en las páginas del diario El Nacional donde cuenta con una columna.

En una conferencia en el auditorio de Fedecamaras Villasmil mencionó lo siguiente refriéndose la crisis y al modelo de sociedad que se aspira para vivir en términos de bienestar: "¿Cuál es el reto? Construir una alternativa al tratamiento actual de la crisis que sea consistente con un modelo alternativo de sociedad. ¿Qué queremos decir con eso? Que si los andamios que vamos a colocar para enfrentar la crisis sean los andamios del edificio o del modelo de sociedad que queremos construir después y no que hagamos algo para atender la crisis que sea después algo que tengamos que revertir para construir ese modelo de sociedad y que para lograr ese modelo alternativo de sociedad debemos transitar por un amplio proceso de dialogo que culmine en un amplio acuerdo político y social de largo aliento".

Un consenso, un acuerdo

En algo que coinciden los "herederos" de los IESA Boys cuando se refieren a la reconstrucción del país: la necesidad de un acuerdo. Es prácticamente imposible la inserción a la sociedad moderna si no se plantan propuestas que provengan de un exhaustivo dialogo que siempre tenga como norte la búsqueda de un acuerdo que trascienda interés partidistas y particulares.

Pero ese dialogo es prácticamente imposible si no hay cambio político. Para lograr ese consenso de "largo aliento" se requiere un contexto político distinto donde predomine un sistema de libertades que genere las condiciones para conversaciones con base en principios democráticos, interés en el país, criterios consistentes y opciones viables donde se beneficie toda la población.

Al parecer están conscientes de los errores que se cometieron en el pasado al no existir un mínimo de consenso para la aplicación de medidas económicas que, por muy buenas que fueran, tomaron por sorpresa a una opinión publica y a una población que al parecer nunca entendió un ápice de los beneficios que traería por ejemplo un Fondo de Estabilización Macroeconómica, que hubiese permitido afrontar situaciones de vulnerabilidad financiera característicos de países mono productores como es el caso de Venezuela.

Un acuerdo que ponga por encima de los interese partidistas o de actores de los diferentes espacios de la vida nacional que pudiesen sabotear la posibilidad de por primera vez accionar con un propósito común que se resuma en salvar a Venezuela del incomprensible desastre que vive.

EPÍLOGO

Obviamente que la historia aquí contada no se termina. Podemos decir que se aclara debido a que el tiempo lo promueve; los acontecimientos se observan desde una perspectiva que va perdiendo la pasión inicial que permite escuchar otros argumentos que cuando la atención se coloca en ellos, resultan verosímiles.

Es curioso, pero a muchos de las personalidades mencionadas acá parece no interesarles mucho estar aclarando nada. Quizás esa sea la actitud de quienes se sienten con la conciencia limpia sin necesidad de reparos, pero lo cierto es que no hay preocupación por quitarle telarañas a los acontecimientos sucedidos en aquellos inicios de los años noventa del siglo pasado.

Tal vez porque son personas que se alejan de esos resentimientos que le han hecho tanto daño al país al punto de convertir a ciudadanos con pensamiento distinto en enconados enemigos. Se puede imaginar con facilidad que las ocupaciones derivadas de sus profesiones, porque es bueno señalarlo, todos y cada uno de ellos salieron de su puesto ministerial a dedicarse a una actividad ya sea en el sector público internacional o en la empresa privada.

Muchos de ellos hicieron intentos de continuar en la arena política, pero es sabido que la suerte no los acompañó, es decir les correspondió lidiar con escenarios intrincados donde el
accionar político empezó a manejarse de otra manera, acentuando los males que ellos vivieron en una época que comparada con la actual suena cómo una edad de la inocencia.

Y es que entramos en una cultura bizarra que se ha incorporado a la mayoría de los sectores del país donde se puede observar en modo estupefacto como se ha perdido el más mínimo sentido del decoro; que los valores se han trastocado; que al sentido de la ética se le pone una mueca de asco y que más vale la repotenciada "viveza criolla" que la inteligencia probada. Una cultura oscura, donde los jóvenes no le encuentran sentido a dedicar su tiempo a formarse y aprender las herramientas técnicas y relacionales que colaborarán a que su paso por la ida sea fructífero y se convierta en el sentido más practico en un legado.

Lo anterior es grave, gravísimo. La juventud envalentonada por unas redes sociales que les muestran la mayoría de las veces solo atajos para hacerles sentir que ese es el camino al desarrollo personal y "profesional". Si a esto se le suma las dificultades económicas para afrontar la inversión que implica preparase académicamente, se convierte en una espesa mezcla sin sabor que de seguro contribuirá con el deterioro de la sociedad.

Vemos en estas historias como unas personas normales, comunes y corrientes se decidieron por los caminos más largos de la preparación y la vida les ha recompensado con sus frutos. Observamos como con el ejercicio profesional producto de sus concienzudos han recorrido al mundo colaborando con la construcción de bienestar por medio de su conocimiento y asesoría.

Y continúan recorriendo la geografía mundial porque quiense prepara estudiando sistemáticamente y sustenta su interés por los estudios en el tiempo nunca detienen el interés de quienes los necesitan para compartir su sapiencia.

Hay que insistir en recalcar esto, porque se está desdibujando la generación que va a sostener en el tiempo la posibilidad de recuperación económica de un país. En un momento de la historia relativamente más reciente, el egoísmo y la retaliación política defenestraron al dirigente más vilipendiado de todos los tiempos en

Venezuela y acabaron con la posibilidad de unas reformas que hubiesen colocado al país a niveles de las naciones nórdicas, donde las políticas económicas a largo plazo le permitieron tener un comportamiento económico distinto incluso en las crisis más severas, incluyendo la pandemia por COVID 19.

Porque no es solo esa sociedad que viene emergiendo que científicos sociales como Bauman han denominado "modernidad liquida" que alejan cada vez la posibilidad de sociedades fructíferas y verdaderas con prácticas fáciles de falso progreso donde está ausente el esfuerzo y se siente que el verdadero bienestar se escapa como el agua entre los dedos. Es también, en el caso de Venezuela la incorporación al poder del desprecio por la rigurosidad y las formalidades que envuelve al ser estudioso y preocupado por su formación, por aprender.

Este libro ha sido pues, no un cumplido a un conjunto de personas que han puesto fuera de las fronteras venezolanas a su país en alto con sus credenciales conocimiento y acciones, porque en realidad no lo necesitan. Pero si es un homenaje a quienes siguen pensando que el país donde el más grande de los libertadores nació, se debe y se tiene que reconstruir no solo con base en sus recursos naturales sino con el conocimiento que solo el talento de los venezolanos de bien pueden aportar.

SOBRE EL AUTOR

Robin Rojas Duno nació en Caracas, Venezuela. Su campo de acción es el aprendizaje en todas sus formas, donde ha intervenido desde la educación formal como profesor universitario, hasta inusitados espacios para el aprendizaje como facilitador de talleres motivacionales en centros penitenciarios de su país.

Rojas Duno cursó el Doctorado en Ciencias de la Educación con énfasis en aprendizaje organizacional de la Universidad Latinoamericana y del Caribe ULAC con sede en Caracas y posee una Maestría en Gerencia Empresarial de la Universidad Fermín Toro UFT de Venezuela y ha cursado estudios de Post-Grado en Recursos Humanos en la Universidad Metropolitana de la capital venezolana de donde egresó con el título de Especialista.

Es Licenciado en Educación mención Ciencias Sociales, egresado de la Universidad de Oriente.

Es socio consultor de Interdidactica C.A., firma especializada en adiestramiento organizacional con énfasis en el desarrollo del talento humano.